Melanie Brozeit

Blaue Glücksorte in Köln

Fahr raus & tauch ein

Dieses

Glücksbuch

ist für

Liebe Glücksuchende,

gibt es etwas Schöneres, als über das Glück zu schreiben? Ganz besonders, wenn es um Köln geht und die Gedanken nur so sprudeln. Dort, wo wahrlich alles im Fluss ist und ich als Ruhrgebietskind vor dreißig Jahren meine Heimat 2.0 fand. Mich berührt es zutiefst, wenn jemand mit Kölner Dialekt spricht, ich vielleicht nicht alles restlos verstehe, aber weiß, es kommt von Herzen.
Es fällt sehr leicht, sich in die Domstadt am Rhein zu verlieben, denn das Glück ist dort gleich doppelt zu Hause. Nämlich links- und rechtsrheinisch und das an achtzig Orten, die immer einen Bezug zum Wasser haben und die mich strahlen lassen. Nicht ich habe sie gefunden, sondern sie mich, und oft konnte ich mich kaum trennen von dem blauen Glück, das Köln zu bieten hat. Auf dieser Passage habe ich wunderbare Menschen getroffen, die das Wasser und alles Maritime genauso mögen und brauchen wie ich.
Oft öffneten sich Schatzkisten, oder es taten sich wahre Oasen mitten in der Stadt auf. Solche, die ich noch gar nicht kannte. Dann hieß es – Alle Mann an Deck – und los ging die Entdeckungsreise in der eigenen Stadt. Den Notizblock legte ich durchaus mal aus der Hand, um einfach den Augenblick zu genießen. Obwohl, etwas würde ich immer und immer wieder notieren: Hey Kölle, du bes e Jeföhl.
Kommen Sie mit an Bord!

Ihre Melanie Brozeit

Deine Glücksorte ...

... noch mehr Glück für dich

"Glück"

Das Rundumwohlfühlpaket

1 Die Poller Wiesen

Für jeden Kölner und Besucher ist auf den Poller Wiesen am Rheinufer in Deutz etwas Schönes dabei. Viel Auslauf für die Hunde und ganz viele Glücksgefühle für Herrchen und Frauchen, wenn es mit Blick auf Kranhäuser und Rhein auf einen Spaziergang geht. Es spricht rein gar nichts dagegen, an einem warmen Tag auch die Picknickdecke mitzubringen, das ist sehr zu empfehlen. Vielleicht sogar ein kleines Kissen für den Hinterkopf, wenn sich auf den Rücken gelegt und in den Himmel geschaut wird. Denn am gesamten Rheinufer und den vielen und imposanten Brücken und Sehenswürdigkeiten lässt es sich ganz prima aushalten. Poll gehört übrigens seit 1888 zu Deutz, und einst hießen die Poller Wiesen die Poller Spielwiese, denn schon damals wurde gekickt, was das Zeug hält, und daran hat sich bis heute nichts geändert. Wer Fußball mit Herz und Leidenschaft erleben will, der setzt sich hier einfach ins Gras und schaut zu oder macht sogar mit. Es finden sich immer ein paar Spieler, die gerade Lust auf ein bisschen Bewegung haben. Ansonsten steigen hier die Drachen hoch in den Himmel, und die Gedanken fliegen genauso weit mit davon, denn fast nirgendwo in Köln gibt es ein prachtvolleres Rheinpanorama zu bewundern. An diesen Rheinwiesen kann wunderbar mit gerätselt werden, wohin die Fahrt die Berufsschiffe führt und wie viele Rheinkilometer sie noch vor sich haben, bis es auf dem Rückweg wieder an den Poller Wiesen vorbeigeht. So machen es auch die vielen Schafherden und grasen erst mal ganz friedlich vor sich hin, bis sie zur nächsten grünen Fläche trippeln. Eine Wiederkehr ist ebenfalls nicht ausgeschlossen, aber ganz in Ruhe und mit Bedacht. Denn das Gras wächst schließlich nicht schneller, wenn daran gezogen wird. An den Poller Wiesen geht es nur ums Ausspannen, und die Uhr wird am besten gleich zu Hause gelassen. Außer, wenn es darum geht, wie lange die Sonne genossen werden soll oder ob das Getränk in der mitgebrachten Kühltasche noch kalt genug ist.

TIPP

Über die historische Deutzer Drehbrücke laufen.

- Poller Wiesen, Alfred-Schütte-Allee, 50679 Köln
- ÖPNV: Stadtbahn 7, Drehbrücke

Siamesische Zwillinge

2

Die Escher Seen

Stille Wasser sind ja bekanntlich tief, und so birgt der Escher See mehr als nur ein Geheimnis – und das im Nordwesten von Köln und sanft eingebettet zwischen den Stadtteilen Pesch und Esch/Auweiler. Somit kann schon das erste große Geheimnis gelüftet werden, denn es gibt nicht nur einen, sondern gleich zwei Escher Seen. Die sind nur durch einen ganz schmalen Landstreifen voneinander getrennt. Ansonsten aber liegen sie Wange an Wange im schönsten Naturschutzgebiet und bringen es auf über 28 Hektar Wasserfläche. So befindet sich vor den Toren von Köln gleich doppeltes Seen-Glück und das auch im Verborgenen. Denn im südlichen der beiden Gewässer darf nicht gebadet werden, da steht der Naturschutz im Vordergrund. Allerdings kann nach Herzenslust gewandert und von Aussichtsplattformen der Blick auf das Wasser genossen werden. Für alle Schwimmer gibt es dennoch gute Nachrichten, denn die Sonne lässt sich hier ganz besonders gerne blicken. Sie strahlt am nördlichen Escher See oft aus allen Knopflöchern, und Badegäste sind sehr erwünscht, besonders im Strandbad Sundown Beach, und wer einmal dort war, der wird nie mehr ein Flugticket in die Karibik buchen. An dieser See-Oase wurden 5.000 Tonnen feinster, weißer Sand aufgeschüttet, Palmen gepflanzt und auch noch der letzte Rest Kies aus dem Wasser geschürft. Denn zwischen 1950 und 1980 ging es los mit der Auskiesung der Seen. So wird berichtet, dass die Escher Seen zu den saubersten in ganz Nordrhein-Westfalen gehören. Jetzt gilt es, noch das größte Geheimnis der Zwillings-Seen zu lüften, denn auf dem Grund des nördlichen Sees liegt ein Schiffswrack, und es wird noch von einem weiteren gemunkelt. Allerdings sind die Umrisse nur aus der Luft zu erkennen, und mit einem Piratenschatz ist nicht zu rechnen. Es ist eher wahrscheinlich, dass die Schiffe bei den Kiesarbeiten zurückgelassen wurden. Die Fische hat es nicht gestört, im Gegenteil. Sie laichen und tummeln sich munter in der maritimen Hinterlassenschaft. Glück auf, Ahoi.

TIPP
Es gibt tolle Rundwanderwege um den See.

● Escher Seen, Am Baggerfeld, 50767 Köln
● ÖPNV: Bus 127, Haltestelle Gewerbegebiet Pesch

Im Tretboot ...

3

Der Decksteiner Weiher

In einem gesunden Körper wohnt ja bekanntlich auch ein gesunder Geist, und wer seiner Gesundheit und der Seele etwas richtig Gutes tun will, der nimmt sich eine Auszeit am Decksteiner Weiher im Äußeren Grüngürtel. Sanft eingebettet im schönen Lindenthal erstreckt sich linksrheinisch die grüne Lunge von Köln. Jetzt tief einatmen, Luft holen und die Natur in vollen Zügen genießen. Einfach nur Platz nehmen am Ufer des um 1927 herum angelegten künstlichen Weihers und die Seele friedlich baumeln lassen. Das geht hier im Grünen sehr einfach, denn in Sekundenschnelle wird in den Modus Kurzurlaub am Wasser umgeschaltet. Begleitet von glucksenden und gurrenden Lauten von Haubentauchern, Teichhühnern und Graureihern. Sogar Habichte haben sich auf einer Insel im 20 Hektar großen Gewässer angesiedelt. Wer noch etwas näher tritt, der erkennt mit ein bisschen Glück sogar den Schatten eines großen, dunklen Karpfens. Das Schwimmen und Baden ist übrigens nicht gestattet. Tatsächlich braucht der Decksteiner Weiher manchmal selbst sogar eine kleine Erfrischung, deshalb wird ihm regelmäßig Leitungswasser zugeführt. Danach fließt dann alles wunderbar zusammen. Seine zwei großen Wasserflächen, die durch eine Art Kanal miteinander verbunden sind, sollen so richtig schön im Fluss bleiben. Denn an diesem idyllischen Glücksort ist ganz viel in Bewegung, schließlich wurde der Decksteiner Weiher anfangs als sportliche Übungsstrecke für Ruderer angelegt. Heute steigen die Ausflügler lieber auf das Tretboot um und treten mit mehr oder weniger Enthusiasmus in die Pedale. Es kann jedoch auch richtig Spaß machen, sich einfach nur treiben zu lassen. In Seenot sollte dabei niemand geraten, denn der Weiher ist nur 1,50 Meter tief. Wer dennoch lieber an Land bleibt, der dreht entlang einer prachtvollen Kastanienallee seine Laufrunde. Ein extra dafür angelegter Rundkurs beträgt knappe sechs Kilometer. Wichtig ist nur, die Pausen nicht zu vergessen.

TIPP

Ab dem Geißbockheim wandern.

- Decksteiner Weiher, Gleueler Straße, 50935 Köln
- ÖPNV: Bus 146, Haltestelle Deckstein

Ein stilles Wasser

4

Der Duffesbach

Spätestens seit dem Verschwinden der Heinzelmännchen ist klar, dass in Köln Geheimnisse gerne gehütet werden wie der Domschatz. Daher ranken sich um den Duffesbach, auch Hürther oder Gleuler Bach genannt, gleich mehrere, oft sehr abenteuerliche Geschichten. Vielleicht ist das auch einer der Gründe, warum das Bächlein hauptsächlich unterirdisch verläuft. Dieses Gewässer mag es eben lieber ruhiger. Fest steht allerdings, dass der Bach der einzige linksrheinische in der Kölner Bucht ist, der direkt in den Rhein mündet. Außerdem bringt es der Duffesbach auf fast 13 Kilometer Länge, und seine Quelle liegt im Naturpark Ville bei Hürth-Knappsack, wo gleich drei Quellbäche zusammenkommen. Sogar die Bläck Fööss haben dem Duffesbach einst eine Liedzeile gewidmet. Wer den Spuren weiter folgen möchte, zumindest oberirdisch, der begibt sich nach Hürth-Efferen und findet sich entlang des Bachlaufes in einer verwunschenen Landschaft wieder. Es ist unklar, ob das Gewässer nach einer Mühle benannt wurde. Aber es ist überliefert, dass es um 1320 einen Bachmeister gab, der dafür zu sorgen hatte, dass beim Duffesbach alles im Fluss blieb und immer ausreichend Wasser in Richtung Köln unterwegs war. Dort wurde stets sehnsüchtig auf das kühle Nass gewartet, und zwar von durstigen Kölnern und Handwerkern. Daher gab es ca. im Jahr 1560 den Kölner Wasserkrieg, bei dem gestritten wurde, ob der Duffesbach nun von den Kölner Handwerkern oder der Hürther Bevölkerung genutzt werden durfte. Auch der Burggraben des Herrenhauses Weißhaus in Klettenberg wurde mit dem Wasser aus dem Bach gespeist. Dann ist da noch die Legende mit der antiken Trinkwasserleitung bis nach Köln, dem Duffesbach und den Römern. Möglicherweise war diesem dann irgendwann einfach alles zu viel. Er tauchte ab in die Kanalisation von Köln und tritt heute erst wieder an der Rheingasse in der Altstadt in Erscheinung. Wo er dann in den Rhein mündet. Da ist er dann auf jeden Fall ne echte kölsche Jung.

TIPP

Nur bei Niedrigwasser am Rhein ist der Bach zu sehen.

- Duffesbach, Kardinal-von-Galen-Straße, 50354 Hürth
- ÖPNV: Stadtbahn 18, Haltestelle Hermülheim Kiebitzweg/Hürth

Wie im Urlaub

5 Die Lindenthaler Kanäle

Zu Lande, zu Wasser und aus der Luft betrachtet ist Köln einfach einzigartig und lässt nicht nur die Herzen der Bewohner höherschlagen. Doch es gab da immer schon den bewundernden Blick nach Düsseldorf. Denn dort existierten an der berühmten Königsallee schon längst Wassergräben, als in der Domstadt erst beschlossen wurde, dass man diese auch gerne hätte. Da die beiden Städte ja stets im Wettbewerb miteinander lagen, legte man sich um das Jahr 1925 richtig ins Zeug, um rasch die rund 600 Meter langen Lindenthaler Kanäle aus dem Boden zu stampfen. Sie durchziehen diesen schönen und grünen Teil von Köln wie Lebensadern und vermitteln auch im Alltag ein Urlaubsgefühl. Ein bisschen mutet es an wie in Venedig und das mitten in der Stadt. Wer hier entlangspaziert, verliert jedes Gefühl für Zeit und Raum, genießt die unglaubliche Ruhe am Wasser und fühlt sich an holländische Grachten erinnert. Das war auch der Plan der Gartenarchitekten, und der geht bis heute wunderbar auf. So bilden dichte Kastanienalleen ein schützendes Dach entlang der Kanalufer. Auch die Blätter vom Ahorn kitzeln einen gerne mal an der Nase. Diesem friedlichen Ort mit vielen alten Stegen und Brückengeländern kann so rasch nichts und niemand das Wasser reichen. So spazieren, flanieren oder joggen die Besucher mit ganz viel Glücksgefühl immer am Kanal entlang. Die ganze Anlage wurde nach dem Vorbild barocker Strukturen erschaffen, mit stolzen weißen Skulpturen. Doch wurde im Laufe der Jahrzehnte auch immer geschaut, was der Natur guttut. So gibt es inzwischen Pflanzinseln in den Kanälen, die als Rückzugsort für die Fische und Wasservögel dienen. Die Spaziergänger stehen oft stundenlang vor diesen kleinen Oasen und beobachten das muntere Treiben auf dem Wasser. Wer Köln als Urlaubsort entdecken möchte, der wird an den Lindenthaler Kanälen reichlich belohnt. Ganz egal, ob er bereits Bewohner ist oder einfach nur eine schöne Zeit verbringen möchte. So geht Glück op Kölsch.

TIPP

Vielleicht eine grüne Mittagspause hier verbringen.

- Lindenthaler Kanäle, Brucknerstraße, 50931 Köln
- ÖPNV: Stadtbahn 1, Haltestelle Universitätsstraße

Dat Wasser vun Kölle

6 4711 – Echt Kölnisch Wasser

Schon die Bläck Fööss singen 1983 davon, wie gut das Kölner Wasser ist und dass der liebe Gott doch bitte alle in der Domstadt großzügig damit versorgen möge. Das hat er getan, doch schon deutlich früher, und zwar im Jahr 1792. Da erhielt der junge Kaufmann Wilhelm Muelhens zur Hochzeit ein echtes Wunderwässerchen und baute damit eine Manufaktur in der Glockengasse auf. Das war die Geburtsstunde von 4711, dem weltberühmten Echt Kölnisch Wasser, das so intensiv nach Zitrone, Rosmarin und Lavendel duftet und zu Köln gehört wie Dom und Rhein. Die Rezeptur wird von den Parfümeuren noch immer gehütet wie ein kostbarer Schatz, doch die schönsten Erinnerungen an das Duftwasser trägt jeder, der es einmal gerochen hat, ohnehin im Gedächtnis. Es erinnert an die Sommer der Kindheit und die Oma, die das Kölnisch Wasser auch mal vorsichtig auf kleine Wunden tröpfelte. Oder es kam zum Einsatz auf Zugfahrten in Form von Erfrischungstüchern, und danach war die Welt wieder in Ordnung, beziehungsweise roch nach Glück und Zufriedenheit. Denn – „dat Wasser vun Kölle es jot". Zwar gibt es 4711 heute in vielen Varianten, doch so richtig schlägt das Herz höher, wenn der klassisch traditionelle Flakon in Gold und Türkis mit der roten Banderole vor einem steht. In die Geschichte des berühmtesten Wassers kann im Dufthaus 4711 in der Glockengasse im wahrsten Sinne eingetaucht werden. Dort geht es in einem hauseigenen Museum um die Entstehung der einzigartigen Parfümmarke, und es können sogar Duftseminare besucht werden. Zudem wird ein Geheimnis verraten – das Kölnisch Wasser wurde zuerst als Heilmittel angeboten mit dem Hinweis, dass es leicht verdünnt auch mit Wein getrunken werden kann. Davon scheinen sogar die Bläck Fööss gehört zu haben, denn sie singen weiter: „Oh, leever Jott, jev uns Wasser", denn schließlich „Hät janz Kölle Doosch". Da die Kölner ja bekanntlich keinen allein lassen, wurde rasch dafür gesorgt, dass die Energie wieder fließt, auch noch gut duftend.

TIPP
Vom Dom sind es wenige Minuten zum Dufthaus 4711.

- Dufthaus 4711, Glockengasse 4, 50667 Köln, Tel. (02 21) 27 09 99 11
  www.4711.com
- ÖPNV: Stadtbahn 16, Haltestelle Appellhofplatz

Glockengasse
4711
4711

Schönste Aussichten

7 Das Restaurantschiff Achterdeck

Wer auf dem Restaurantschiff Achterdeck in Marienburg zur Crew gehört, der wird oft beneidet. Zu diesem schwimmenden Arbeitsplatz am Oberländer Ufer geht es erst mal über einen Steg, der ganz sanft auf den Wellen schaukelt, während die Möwen am Himmel kreisen. Zur Jobbeschreibung gehört auch, dass es vom Schiff aus einen der prachtvollsten Blicke auf den Kölner Dom gibt, besonders, wenn dieser in der Dunkelheit angestrahlt wird. Die Einstellungsvoraussetzung ist allerdings, dass Teller auch bei stärkerem Seegang getragen werden müssen. Denn in diesem maritimen Lokal direkt auf dem Rhein gibt es stets ordentlich Wasser unter dem Kiel. Auch wenn der Marienburger-Dampfer gar nicht in See sticht, so fühlt sich ein Besuch wie eine himmlische Auszeit an. Obwohl mit Achtern eigentlich der hintere Teil eines Schiffes gemeint ist, so liegt das Kölner Achterdeck in allen seemännischen Kategorien ganz weit vorne. Vor allem, weil im Innen- und Außenbereich rund 200 Passagiere Platz finden und doch jeder Gast das Schiff ganz für sich allein genießen kann. Aus der Kombüse wehen dann bis in jede Schiffsplanke köstliche Essensdüfte herüber, und Seeluft macht ja bekanntlich hungrig. So hat sich die Besatzung für das selbsternannte Kutterfutter richtig was einfallen lassen wie Ofenkartoffeln mit Matjesfilet, Elsässer Wurstsalat oder ein exotisches Thaicurry. Jetzt heißt es nur noch genießen und zumindest in Gedanken über alle sieben Weltmeere schippern, während Sportboote, Frachter und Containerschiffe vorbeiziehen. Da wird schon mal überlegt, wer mit einem auf die große Fahrt des gemeinsamen Lebens geht, und dafür bietet das Achterdeck sogar freie Trauungen mit anschließender Hochzeitsfeier an. Auf Wunsch werden Brautpaar und Trauzeugen sogar mit einem kleinen Boot zur Trauung gebracht. Eine Sache allerdings wird bei einer Bewerbung für das Achterdeck noch erwähnt: Auch ein Putzlappen muss mal in die Hand genommen werden. Doch selbst das ist bei der Aussicht das reinste Vergnügen.

TIPP

Das Schiff kann für Feiern gemietet werden.

- Achterdeck, Oberländer Ufer, 50968 Köln, Tel. (02 21) 37 62 87 97
  www.achterdeck.koeln.de
- ÖPNV: Stadtbahn 16, Haltestelle Marienburg Heinrich-Lübke-Ufer

ACHTERDECK

Wir sind dann mal weg

8

Die Rodenkirchener Riviera

Ab in den Süden und der Sonne hinterher, das geht in Köln ganz einfach, und mehr als ein Handtuch wird dabei nicht gebraucht. Wenn überhaupt, denn an der Rodenkirchener Riviera erstreckt sich ein feiner, weißer Sandstrand und das in vielen kleinen Buchten. Was gibt es Schöneres, als die Füße in den warmen Sand zu stecken und verträumt in den Himmel zu schauen. Hier im Süden von Köln geht es zu wie in den Ferien, nur muss dafür kein Flieger bestiegen werden. Die Anreise ist denkbar einfach und kann locker barfuß zurückgelegt werden. Wer dennoch auf Urlaubspostkarten nicht verzichten möchte, der schreibt beim Absender einfach: Köllefornia, Rheinkilometer 683. Bereits zwischen 1912 und 1939 gab es am gleichen Ort schon einmal ein Strandbad. Das zog die Rheinländer magisch an, doch nicht alle waren sich einig, ob die Badebekleidung für die Öffentlichkeit nicht zu freizügig ist. Damals bestand diese in Teilen noch aus Frottee. Solche Sorgen muss sich an der Kölschen Riviera heute keiner mehr machen, allerdings gibt es trotz Sommer, Sonne und Sonnenschein etwas Wichtiges zu beachten. Auf das Schwimmen im Rhein sollte unbedingt verzichtet werden, egal wie verlockend die Fluten scheinen. Doch es gibt gefährliche Strömungen und viel Sog- und Wellenschlag, der von den Berufsschiffen erzeugt wird. Lieber die Sonnenbrille aufsetzen, sich zurücklehnen und noch mal in die Kühltasche greifen für ein eiskaltes Getränk. Diese Abkühlung macht doch genauso viel Spaß, und es muss noch nicht einmal Badezeug zum Wechseln mitgebracht werden. Auch lohnen sich Ausflüge in die direkte Umgebung wie zur Kirche Alt Sankt Maternus im historischen Ortskern von Rodenkirchen oder zum Restaurantschiff Alte Liebe. Viele Besucher kommen ganz spontan an den Strand, oft mit dem Fahrrad, besonders gerne nach Feierabend und kurz vor Sonnenuntergang. Dann gibt die Sonne noch einmal alles, bevor sie im Rhein versinkt, und es kommt durchaus vor, dass dann auch mal Beifall geklatscht wird.

TIPP
Besser ohne Auto herkommen, die Parkmöglichkeiten sind begrenzt.

- Rodenkirchener Riviera, Uferstraße, 50996 Köln
- ÖPNV: Stadtbahn 16, Haltestelle Rodenkirchen Bahnhof

In Gleitfahrt

9 Wasserski am Bleibtreusee

Ein Besuch an der Wasserski-Anlage am Bleibtreusee in Brühl geht so: Rein in den Neoprenanzug, rauf auf das Board und eine richtig große Welle machen. Das passiert auf dem glitzernden Wasser entweder rasant auf Wasserski, hochdynamisch mit einem Wakeboard oder etwas gemütlicher mit einem Stand up Paddle Board. Bis zu 29 Stundenkilometer können auf dem fast 600 Meter langen Rundkurs mit einem Zug-Lift erreicht werden. Ganz Mutige springen gleich noch kraftvoll von einer Sprungschanze. Soweit das Programm für die Profis, die am Bleibtreusee Wettkämpfe austragen. Doch ein Tag mit Wassersport an diesem heimischen See kann auch damit beginnen, das bunte Treiben auf dem Wasser vom hauseigenen Strand aus zu beobachten. Vorher wird die erste Schicht Sonnencreme aufgetragen, und das geht wunderbar in dem Strandlokal Sonnendeck. So kann ein Aufwärmprogramm aussehen und gleich nahtlos in den Wohlfühlmodus übergehen. Danach geht es in Ruhe zum kleinen Lift, und da sieht die Wasserwelt auf einer Strecke von hundert Metern schon ganz anders aus. Hier ist der Weg das Ziel und wer noch nie auf Wasserski oder einem Wakeboard stand, der ist an der Übungsanlage genau richtig. Das Team vor Ort verleiht vom Neoprenanzug bis hin zu Helm und Wasseruhr einfach alles, so dass nur noch die gute Laune mitgebracht werden muss. Bisher ist noch niemand ohne ein breites Grinsen vom Brett gestiegen und selbst, wenn es mal unfreiwillig ins Wasser geht, ist das an einem heißen Sommertag fast der größte Spaß. Allerdings kann gar nicht so viel schiefgehen, weil es vor dem ersten Wasserkontakt die perfekte Einführung gibt, und so ist keiner sich selbst überlassen. Außer, die Einsamkeit wird ausdrücklich gewünscht, das geht beim Early Bird-Wasserski zwischen 7 und 10 Uhr am Morgen ganz hervorragend. Der frühe Vogel fängt dann sicher schon den ersten Wurm, ansonsten gibt es noch nicht so viele Zuschauer bei den ersten Versuchen auf den Brettern. Da sollte die Sprungschanze ruhig mal aus der Nähe betrachtet werden.

TIPP

Es kann sogar barfuß am Strand geheiratet werden.

● Wasserski, Bleibtreuseeweg 1, 50321 Brühl, Tel. (0 22 32) 2 26 81
www.wasserski-bleibtreusee.de
● ÖPNV: Bus 979, Haltestelle Brühl Heide Abzw.

Wasserschloss mit Aussicht

10

Altes Hafenamt Köln

Beim Anblick des Alten Hafenamtes im Rheinauhafen beginnt jeder erst einmal zu träumen. Von Harry Potter, einem britischen Landgut oder dem berühmten Eton College in England, und wie schön es doch wäre, einmal im Turmzimmer des historischen Kölner Gebäudes von 1889 aufzuwachen. Vielleicht sogar jeden Morgen – trotz großer Turmuhr. Denn auch am Rheinufer schlägt dem Glücklichen keine Stunde. Denn für den verwinkelten und stolzen Backsteinbau erscheint der Begriff klassische Schönheit erfunden worden zu sein. Dabei schläft in direkter Nachbarschaft die Konkurrenz nicht, im Gegenteil. Mit den Kranhäusern reiht sich ein preisgekrönter, hochmoderner Prachtbau an den nächsten. Auch der ehemalige antike Kornspeicher mit Spitznamen Siebengebirge wurde nur ein paar Rheinkilometer weiter aus seinem Dornröschen-Schlaf geholt und erstrahlt wieder in neuem Glanz. So ging es auch dem Alten Hafenamt, als 2014 seine Pforten für immer schlossen, weil die Kölner Schifffahrt im Rheinauhafen sich seit Beginn der 70er-Jahre immer mehr zurückzog. Bis dahin war hier einer der wichtigsten maritimen Umschlagplätze, aber die Hafeneinfahrt wurde irgendwann zu eng für die stets größer werdenden Berufsschiffe. Wie so oft in dem Kölschen Hafenviertel wurde am Ende alles gut, und die Kölner hielten zusammen. Das denkmalgeschützte Hafenamt erlebte einen zweiten Frühling und wurde mit viel Liebe zum Detail zu einem Bürokomplex umgebaut. Fast jeder historische Stein steht in der Ensemble-Struktur mit Krafthaus und Lokschuppen noch auf dem anderen, und es weht stets eine leichte und sehr angenehme Brise durch die luftigen und hellen Räume. Die Säulen sind noch immer üppig verziert, und drinnen gibt es einen Kapitäns-Klub als Besprechungsbereich. Dort werden damals wie heute Geschäfte gemacht. Streng genommen hat sich also in über hundert Jahren gar nicht so viel verändert. Außer vielleicht die bewundernden Blicke der Besucher vor Ort. Obwohl – die haben sich bestimmt mehr als verdoppelt.

TIPP

Auch das Alte Hafenamt in Dortmund besuchen.

- Altes Hafenamt Köln, Harry-Blum-Platz 2, 50678 Köln
- ÖPNV: Bus 133, Haltestelle Rheinauhafen

Alles im grünen Bereich

11 Das Hochwasserpumpwerk Bayenthal

Den historischen und noch voll funktionstüchtigen Pegel-Turm in der Altstadt kennt jeder, und es wird vermutet, dass in Köln bereits ab dem Jahr 1771 die Wasserstände notiert wurden. Doch am Bayenthaler Ufer erscheint es, als sei der Hochwasserschutz direkt in die Zukunft gesprungen, denn da steht auf einer Anhöhe das Hochwasserpumpwerk Schönhauser Straße. Einmal kneifen bitte, denn das Pumpwerk erstrahlt je nach Rheinwasserstand und LED-Technik in unterschiedlichen und leuchtenden Farben. Gelb bedeutet, dass bei 2,40 Metern alles gut ist, bei leuchtendem Rot tritt allerdings die Alarmstufe ein, denn dann beträgt der Wasserstand über sechs Meter. Dazwischen gibt es eine entspannte Farbpalette zwischen Blau und Mint. Der hochmoderne Quader aus Beton erscheint auf den ersten Blick wie vom anderen Stern. Doch hat er für die Rheinwasserstände, die Schifffahrt und die Menschen eine enorme Bedeutung. Es ist faszinierend, dem Lichtspiel des Pumpenhauses zuzuschauen, besonders von den Poller Wiesen auf der gegenüberliegenden Rheinseite. Hier könnte ein angesagter Club stehen, ein tolles Loft oder ein gerade gelandetes Ufo, in der Fantasie wäre alles denkbar. Doch der wichtigste Teil des Hochwasserpumpwerks liegt tief unter der Erde verborgen. Das würde beim Betreten der grünen Wiese rund um den Pumpwerk-Sockel niemand ahnen, vor allem dann nicht, wenn dieser nachts angestrahlt ist. Dort lagern die Pumpen, die bei bestimmten Pegelständen angeworfen werden, um für die Entwässerung in Bayenthal und Umgebung zu sorgen und um einen Rückstau in der Kanalisation zu verhindern. Die Bewohner wissen den Hochwasserschutz in guten und schützenden Händen. Schließlich waren es einheimische Architekten, welche die bunt leuchtende Landmarke entworfen haben. Nur so ist es wohl technisch möglich, dass das Werk bei den Kölner Lichtern oder zu besonderen Ereignissen auch mal von der üblichen Farbpalette abweicht. Wieder ein Grund mehr, Köln einfach zu lieben.

TIPP
Das Pumpwerk bildet den südlichsten Punkt vom Rheinauhafen.

- Hochwasserpumpwerk Bayenthal, Schönhauser Straße, 50968 Köln
- ÖPNV: Stadtbahn 16, Haltestelle Bayenthal/Schönhauser Straße

Auf gleicher Wellenlänge

12

Der Fischreiterbrunnen

Es kommt durchaus vor, dass sich die Besucher vom Theophanoplatz in Zollstock erst einmal verwundert die Augen reiben. Denn was macht ein kleiner Junge da auf einem großen Fisch mit mächtiger Rückenflosse. Was hat es damit auf sich? Beim näheren Betrachten wird natürlich rasch klar, dass es sich um einen ganz besonderen, antiken Brunnen handelt. Das ungleiche Gespann, das da in Sandstein verewigt wurde, hat schon ein paar Jahre und viel Patina auf dem Buckel. Oder natürlich auf den Fischschuppen, denn das denkmalgeschützte Kunstwerk schmückt schon seit 1913 das Veedel. Der Fischreiterbrunnen kann auch nicht übersehen werden, denn er thront auf einem Podest und wird verziert von vier kleinen Wasserspendern. Diese Steinmetz-Kunst ist unumstritten das Herzstück des friedlich von Bäumen umsäumten Platzes und lädt zum Träumen und Verweilen ein. Nun bitte gemütlich auf einer der Bänke Platz nehmen, die Gedanken schweifen lassen und sich überlegen, was es wohl mit dem Jungen und dem Fisch auf sich haben könnte. Ist der Knirps vielleicht einfach vom angrenzenden Spielplatz rübergelaufen und hat auf dem Meerestier Platz genommen? Sind sie gemeinsam auf eine Seereise gegangen oder haben sie sich zufällig getroffen? Auf jeden Fall ist klar, dass die beiden untrennbar miteinander verbunden sind und das Kind sehr fest im Sattel sitzt. Doch hat er den Fisch gezähmt, streichelt er ihn mit seiner kleinen Hand oder treibt er das Tier an bei einem Ritt durch die Fluten? Es wird wohl ein Geheimnis bleiben, was der Bildhauer Georg Grasegger bei seinem Entwurf im Sinn hatte, aber das ist nicht schlimm. Eindeutig ist, dass sich hier mitten in Köln zwei aufeinander verlassen können und zu richtigen Berühmtheiten geworden sind. Wer diese Oase verlässt, der hat ein Lächeln im Gesicht und denkt an Freundschaft, Treue und das Glück des Augenblicks. Vor allem auch daran, wie schön das Leben ist, wenn der richtige Gefährte gefunden wurde – ganz egal, ob es ein Fisch ist.

TIPP
Herkommen, wenn die Bäume anfangen zu blühen.

- Fischreiterbrunnen, Theophanoplatz, 50969 Zollstock
- ÖPNV: Stadtbahn 12, Haltestelle Zollstock Herthastraße

Die Königinnen von Riehl

13

Der Seerosenteich der Flora

Nicht umsonst wird die Rose als die Königin unter den Blumen bezeichnet, doch in der Kölner Flora gibt es am großen Seerosenteich gleich ein ganzes Meer dieser stolzen Schönheiten in allen nur denkbaren Farben. Bunt, bunter, am buntesten. Es ist gar nicht so einfach, sich seine ganz persönliche Lieblingsblume auszusuchen. Denn in dem historischen Botanischen Garten in Riehl schmiegen sich pinke und weiße Seerosen auf einem dichten Teppich förmlich aneinander. Sie sind dabei fest im Untergrund verankert und bilden eine ganze Kolonie von blühenden und edlen Wasserpflanzen. Hier gilt wirklich, dass eine schöner ist als die andere, soweit das Auge reicht. In der Botanik heißt es ja, dass die kostbaren Seerosengewächse sich besonders gerne ausbreiten, wenn es ihnen richtig gut geht, vor allem wenn natürliche Wuchsbedingungen gegeben sind. Sie haben außerdem die Gabe, sich ihrer Umgebung meisterhaft anzupassen. Wie es sich für echte Königinnen eben gehört. Doch wer vor dem üppigen Seerosenteich steht, weiß sofort, dass dort mehr als nur ein grüner Daumen am Werk war und bei der Aufzucht der kostbaren Pflanzen alles richtig gemacht wurde. Schließlich gibt es die Flora seit 1864. So ist der Platz für den Teich auch mit Bedacht gewählt worden. Denn darüber thront das Alpinum, wo auf einem künstlichen Felsen ein Lebensraum für Pflanzen des Alpenraums geschaffen wurde, von den Kölner Botanik-Besuchern liebevoll die Kölschen Alpen genannt. Wer ganz genau hinschaut, der sieht, dass dabei gleich richtig in die Trickkiste gegriffen wurde. Denn durch die Spiegelung des Seerosenteichs wirkt der Felsen noch etwas höher und somit imposanter. Das stört die Naturfreunde keineswegs, denn sie werden auch so schon magisch angezogen. Vom Duft der Seerosen und den üppigen grünen Blättern, die sich fast schützend um die zarten Gewächse legen. Denn ein bisschen Abstand sollte zu echten Majestäten schließlich gehalten werden.

TIPP

Der Eintritt in die Flora ist frei.

- Seerosenteich Flora, Am Botanischen Garten 1a, 50735 Köln, Tel. (02 21) 56 08 90
- ÖPNV: Stadtbahn 18, Haltestelle Riehl Zoo/Flora

Seemannsglück

14 Der Zündorfer Yachthafen

Ein Besuch am Zündorfer Yachthafen in Köln-Porz kann so richtig glücklich machen, dort weht einem ganz viel maritime Luft um die Nase. Denn hier beim Rheinkilometer 677,3 und direkt bei der beliebten Freizeitinsel Groov können in diesem idyllischen Hafen die großen und kleinen Schiffe bestaunt werden. Das geht bei Wind und Wetter, und diese maritime Welt liegt einem dann von der Rheinpromenade aus zu Füßen. Eigentlich ist es fast schon ein Rundgang, der einmal um diesen Yachthafen herumführt, und dort ist alles und jeder ständig in Bewegung. Es gibt sogar eine eigene Werkstatt beim Gelände, die wird besonders für das Ein- und Auswintern der Schiffe gebraucht. Die Bootsfahrer vom Club für Wassersport Porz haben immer etwas zu tun und freuen sich ganz besonders, wenn sie Landratten von ihren Fahrten auf dem Rhein berichten können. Denn von diesem beschaulichen Heimathafen aus geht es direkt auf den mächtigen Strom und auf Tuchfühlung mit den vielen Fracht- und Kreuzfahrtschiffen. Diese sind hier auch von Land aus ganz aus der Nähe zu bestaunen und vor allem zu hören, und es ist immer wieder beeindruckend, auf welche Geschwindigkeit die Bootsriesen kommen. Das Bordprogramm ist somit gesichert. Viele Spaziergänger haben in den letzten Jahren großen Anteil daran genommen, als die schwimmende Steganlage immer wieder liebevoll restauriert wurde. Die rund vierhundert Vereinsmitglieder sprachen von einer Jahrhundertaufgabe, als der Zündorfer Yachthafen vor ein paar Jahren eine komplette Grundsanierung bekam. Da wurde jede Hand an Deck gebraucht, und es machte keinen Unterschied, ob die von einem Ruderer, Segler oder Motorbootfahrer kam. Denn die sitzen hier alle gemeinsam in einem Boot, während oberhalb der Steganlage auch der hungrigste Seemann satt wird. Denn im Restaurant Am Yachthafen gibt es noch einmal den besten Ausblick auf den Zündorfer Hafen. Dort ist jeder Gast herzlich willkommen, sogar wenn er lieber festen Boden unter den Füßen hat.

TIPP

Hier können auch Bootsführerscheine gemacht werden.

- Zündorfer Yachthafen, An der Groov, 51143 Köln
- ÖPNV: Stadtbahn 7, Haltestelle Zündorf Rosenhügel

Wassertreten

15 Tretbootfahren in der Domstadt

Köln ist so etwas wie die heimliche Hauptstadt der Tretboote, denn an ganz vielen Gewässern geht es mit den bunten Gefährten ausschließlich mit Muskelkraft über das Wasser. Das heißt natürlich nicht, dass keine Auszeiten auf dem Wasser erlaubt sind, sondern unbedingt erwünscht und auch wichtig. Es braucht ja erst einmal einen Moment, um sich an die ruhige Fahrweise zu gewöhnen. Aber dann ist oft der Ehrgeiz geweckt, und es wird kräftig in die Pedale getreten. Wer sich zum Beispiel am Decksteiner Weiher ein knallgelbes Tretboot ausleiht, der kann den Platz dort richtig ausnutzen und gemeinsam mit anderen Booten ein kleines Wettrennen veranstalten. Dabei gilt es sogar, die eine oder andere Kurve zu meistern oder den vielen Enten, Schwänen und Kanada-Gänsen auszuweichen, die in langen Kolonnen über den See gleiten. Der beste Zeitvertreib ist immer noch, eine fröhliche Plauderei von Tretboot zu Tretboot zu führen. Am Mediapark geht es mit bunten Bump Boats über den See, und da gilt es, den anderen Schiffchen möglichst nah auf die Pelle zu rücken. Das funktioniert wie auf dem Rummelplatz beim Autoscooter. Der Spaß dabei könnte nicht größer sein und das ganz besonders an sehr heißen Tagen inmitten der Stadt und im Schatten der hohen Wohn- und Bürotürme dort. Im Volksgarten geht es schon etwas ruhiger und beschaulicher zu, doch der Kahnweiher dort besitzt gleich 5,5 Hektar Wasserfläche, da kann auch mal ganz gemütlich eine Trauerweide in Ufernähe angesteuert werden. Essen und Trinken sollten beim Tretboot-Ausflug natürlich nicht vergessen werden, denn schließlich wurde ordentlich was geleistet. Wer mag, der genießt in einem urigen Bootshaus direkt am Kalscheurer Weiher noch einen kleinen Snack. Dort werden die Tretboote auch vermietet, und dann geht es los mit einer lustigen Seefahrt. In Köln ist also alles vorhanden für ein waschechtes Glücksgefühl.

TIPP
Achim Blank lehrt Bootsfahren im Rheinauhafen, www.sport-schifffahrt.de

- Tretbootstationen Decksteiner Weiher (Bachemer Landstraße 420, 50935 Köln), am Mediapark (50670 Köln) und Kalscheurer Weiher (Zollstocker Weg, 50969 Köln)
- ÖPNV: Stadtbahn 7, Haltestelle Stüttgenhof; Stadtbahn 12, 15, Haltestelle Christophstraße/Mediapark; Bus 131, 138, Haltestelle Oberer Komarweg

Göttlicher Warmbadetag

16

Das Neptunbad

In Köln ist einfach alles herrlich im Fluss, und da fühlen sich sogar die Götter so pudelwohl wie ein Fisch im Wasser. Ganz besonders einer von ihnen, nämlich Neptun, der römische Gott der Meere, fließenden Gewässer und sogar des Wetters. Ihm zu Ehren wurde im Jahr 1912 im Stadtteil Ehrenfeld ein prunkvolles Jugendstil-Bad errichtet, und dort ist tatsächlich – bis heute – alles Gold, was glänzt. Im Jahr 2002 zog hier ein Fitness- und Wellnessclub ein, und wo früher die eifrigen Schwimmer ihre Bahnen zogen, da werden heute fleißig Körper wie Geist trainiert. Selbstverständlich gibt es auch Streicheleinheiten für die Seele – mit Wohlfühl-Yoga, Rückengymnastik und Atemübungen. Das frühere Schwimmbecken musste bei den Umbauten zwar etwas verlegt werden, doch der Blick durch die prächtige Glaskuppel Richtung Himmel ist immer noch so imposant wie vor über hundert Jahren. Von der großzügigen Empore haben die Sportler einen atemberaubenden Ausblick in den saalartigen Innenraum, und die Runden auf dem Laufband drehen sich gleich viel beschwingter. Schließlich geht es auch um Sehen und Gesehen-Werden, sonst wäre doch alle sportliche Mühe umsonst. Wer sich danach noch etwas selbst belohnen möchte, der lässt sich in der historischen Sauna bedampfen. Diese steht übrigens unter Denkmalschutz, und es gibt eine weitere im japanischen Stil. Überhaupt sind in der ehemaligen Badeanstalt überall kleine und große Schätze der Vergangenheit zu entdecken wie handsignierte, antike Kacheln oder leise plätschernde Brunnen. Die Außenfassade erinnert übrigens noch immer an den Glanz längst vergangener Zeiten. Denn dort steht weiterhin in großen Buchstaben: Städtische Badeanstalt. Außerdem weht eine stolze Flagge auf dem Walmdach, und steinerne Meerestiere zieren den leuchtend weißen Bau. Auch Neptun höchstpersönlich wacht bei einem Brunnen als Statue vor dem Eingang. So wird in dieser Wellnessoase aus jedem Besuch ganz einfach ein wohliger Warmbadetag.

TIPP

Maritimes Glück beim Helios-Leuchtturm in der Nähe erleben.

- Neptunbad, Neptunplatz 1, 50823 Köln, Tel. (02 21) 71 00 71 www.neptunbad.de
- ÖPNV: Stadtbahn 4, Haltestelle Ehrenfeld Körnerstraße

DTISCHE - BADEANSTA
NEPTUNBAD
STAEDTISCHE
BADEANSTALT

Nichts für Schmusekätzchen

17

Die Katzenbuckelbrücke

Katzen lassen sich bekanntlich nicht dressieren, und es heißt ja, sie suchen sich ihre Besitzer selbst und mit viel Sorgfalt aus. Da die kleinen Tiger anscheinend sieben Leben haben, sollte diese Wahl gut überlegt sein. Doch wer einmal vor der schneeweißen Katzenbuckelbrücke in Köln-Mülheim stand, der weiß, dass Mensch und Tier am Rheinufer eine echte Freundschaft fürs Leben eingegangen sind. Schließlich handelt es sich um eine Fußgängerbrücke in der direkten Umgebung des Rheinparks, tief im Herzen vom Mülheimer Hafen gelegen. Stolze 180 Meter ist das Brückenkunstwerk lang und wurde versehen mit einem achtzig Meter langen geschwungenen Bogen. Die Architekten hatten 1955 bei den Entwürfen eigentlich einen zum Sprung ansetzenden Dinosaurier im Sinn. Kraftvoll und gefährlich. Es stand sogar der Name Drachenbrücke im Raum. Doch die Kölner waren sich rasch einig, dass sich ab sofort ihre neue Lieblingskatze einmal quer über den Rhein streckt und dehnt, in sehr eleganten, weichen und fließenden Bewegungen, ganz genauso wie bei der Gymnastikübung Katzenbuckel. Erste Entwürfe für die Brücke gab es zwar schon 1937, doch die Stunde der Katzenfreunde hatte noch nicht geschlagen. So dauerte es bis zur Bundesgartenschau im Jahr 1957 mit der Eröffnung. Seitdem zieht es Spaziergänger und Radfahrer immer und immer wieder zum Rheinufer. Auch der Rheinboulevard Mülheim Süd lädt zum Flanieren ein. Bei so viel Begeisterung wurde das Brückenbauwerk im Jahr 1989 gleich unter Denkmalschutz gestellt. Doch besonders Jogger wissen, dass die Katzenbogenbrücke sehr raffiniert und kein Schmusekätzchen ist. Denn sie ist äußerst steil im Anstieg, und eine Laufrunde auf dieser Bogenbrücke hat es ganz schön in sich. Bei der Aussicht werden alle Brückenläufer jedoch gleich doppelt belohnt, und wer sich auf die Stimmung im Hafen einlässt, der kommt garantiert nicht aus der Puste. Um das Flair und den Anblick richtig zu genießen, reichen sieben Leben einfach nicht aus.

TIPP
Jeden Sonntag zu einer neuen Rheinbrücke spazieren.

- Katzenbuckelbrücke, Hafenstraße/Mülheimer Hafen, 51063 Köln
- ÖPNV: Bus 150, Haltestelle Mülheim Auenweg

Sieben auf einen Streich

18 Die Regattabahn am Fühlinger See

Wer die Wahl hat, hat die Qual – und das auf gleich sieben verschiedenen Seen am großen Fühlinger See bei der Kölner Regattabahn. Hier muss sich durchaus auch mal gequält werden, denn auf jedem der Gewässer geht es mit ganz viel Muskelkraft äußerst sportlich zur Sache. Der innere Schweinehund rudert oder paddelt auf dem 100 Hektar großen Gewässer sicher öfter mal mit. Doch es hat sich bisher immer gelohnt, und die Welt des Wassersports schaut aufmerksam nach Fühlingen. Auf der berühmten rheinischen Regattastrecke wurden seit dem Jahr 1978 schon Welt- und Europameister gekürt. Den meisten Zuschauern entlang der Strecke tun schon beim bloßen Beobachten die Oberarme ziemlich weh. Das Anfeuern ist jedoch genauso wichtig, wenn auch deutlich komfortabler. Auf dem Fühlinger See bei Seeberg, Chorweiler und eben Fühlingen kann somit Regatta-Luft auf höchstem Niveau geschnuppert werden. Wer einen Platz weiter vorne auf der Tribüne erwischt, der fiebert förmlich mit, wenn auf sechs schnurgeraden Bahnen die hauseigene Wasserampel bei den Rennen umspringt und ein lautes Signal ertönt. Zur Vorbereitung auf die Wettbewerbe gibt es einen eigenen Ruder- und Kanu-See, und wenn es doch mal etwas lockerer zugehen soll, dann geht es zum Surf-, Tauch- und sogar Freibadsee. Alle Gewässer sind miteinander verbunden und werden außerhalb der Rennen so aufgeteilt, dass sich keine Wassersportler ins Gehege kommen. Der Regatta-See wird vom Grundwasser gespeist und ist durch die Nähe zum Rhein auch von dessen Pegel abhängig. Das stellt eine weitere große sportliche Herausforderung dar. Doch da bekanntlich kein Meister vom Himmel fällt, gilt auch im Naherholungsgebiet Fühlinger See, dass gut Ding Weile haben muss. Denn bereits ab 1912 wurden in der örtlichen Heide die Gruben ausgebaggert und ab 1967 der See rekultiviert. Da erscheint es heute fast wie ein Klacks, wenn die 2300 Meter lange Strecke in Rekordzeit zurückgelegt wird. Zumindest von der Zuschauertribüne aus betrachtet.

TIPP
Auf einem Ökopfad kann der See umwandert werden.

- Regattabahn Fühlinger See, Oranjehofstraße 101, 50769 Köln
- ÖPNV: Bus 122, Haltestelle Seeberg

6
1750

Üben für die große Fahrt

19 Sportboote im Rheinauhafen

Was gibt es Schöneres, als an einem herrlichen Sommertag Schiffe auf dem Rhein zu beobachten und von der großen, weiten Welt zu träumen. Doch da ja auch die kleinen Dinge glücklich machen, sollte nicht nur nach Containerschiffen und Frachtern Ausschau gehalten werden. Wer ein waschechtes, maritimes Schauspiel erleben will, der bezieht den Beobachtungsposten direkt bei der Brücke am Eingang vom Schokoladenmuseum und späht hinunter in die Köln Marina direkt im Rheinauhafen. Bitte ein bisschen Zeit mitbringen, dann ist ein unterhaltsames Bordprogramm garantiert. Denn nun liegen einem bei Rheinkilometer 687 rund hundert Sportboote an langen Stegen zu Füßen, und jedes fährt seinen eigenen Kurs. So ist beim Lesen der oft abenteuerlichen Bootsnamen viel über die Bootseigner zu erfahren. Beim Ein- und Auslaufen der kleinen Schiffe auf dem Rhein geht es bei gutem Wetter dann zu wie im Taubenschlag. Da kommen die Beobachter hoch oben in der ersten Reihe aus dem Staunen gar nicht mehr heraus. Nicht immer läuft alles glatt, aber es geht ja um Freizeit. Es gibt sogar eine Bootstankstelle, doch nicht alle Sportbootfahrer wissen sofort, wo der Einfüllstutzen zum Tanken ist. Da ist Fingerspitzengefühl gefragt, denn der Sog- und Wellenschlag, der vom Rhein herüberschwappt, hat es in sich. Die Beobachter auf der Brücke sehen natürlich sofort, ob ein Freizeitkapitän sein Schiff im Griff hat. Besonders jene, die für den Sportbootführerschein üben. Alle Zuschauer haben mit den Neulingen stets Mitgefühl, denn es läuft meistens so: „Wir machen erneut einen Backbord-Anleger", das bedeutet, dass das Fahrschulschiff in einem spitzen Winkel an die Spundwand manövriert werden muss. Das geht leider sehr oft daneben, doch die Ausbilder kennen keine Gnade, schließlich wird in diesem Hafenbecken später die Prüfung abgenommen. So gab es schon Bootsschüler, die dieses Manöver dutzende Male wiederholen mussten. Wenn es dann endlich geklappt hat, gab es von allen Zuschauern einen tosenden Applaus.

TIPP
Hier hält auch die Kölner Bimmelbahn.

- Köln Marina/Eingang Schokoladenmuseum, Am Schokoladenmuseum 1, 50676 Köln
- ÖPNV: Bus 133, Haltestelle Schokoladenmuseum

Vamos a la Playa

20 Der Beachclub Playa in Cologne

Natürlich ist es eine Wonne, sich am Strand von Playa del Inglés in Spanien zu sonnen. Oder im Urlaubsort Playa del Carmen an der mexikanischen Küste abzutauchen. Doch wer wirklich im Glück schwimmen will, der bleibt zu Hause in Köln-Müngersdorf, im Strandclub Playa in Cologne. Einfach die Strandtasche packen, rauf aufs Fahrrad, rein in die Flip-Flops, und schon geht der Urlaub direkt beim RheinEnergie-Stadion los. Dem heimischen Sandstrand dort kann kein exotisches Reiseziel das Wasser reichen, und jeder weiß, zu Hause ist es einfach am schönsten. Ganz egal, ob an der Kölner Playa die Füße in den feinen Sand gesteckt werden oder es auf das Beachvolleyball-Feld geht. Fest steht in jedem Fall, an dieser Playa beginnt der Sommer bereits im März, denn dann öffnet die Anlage die Türen für jeden, dessen Herz für Sommer und Sonne schlägt. Einfach nur in der Bambus Lounge entspannen, während es nach Lavendel duftet und die Blätter eines Olivenbaumes einen keck am Hals kitzeln. Im Jahr 1996 kamen Volleyballspieler der benachbarten Sporthochschule Köln auf die Idee, auf dem Schwimmbad-Gelände der Belgischen Streitkräfte ein Strandbad zu eröffnen. Dass es in dieser Sommer-Oase in Stadtnähe gar keinen kühlen Pool mehr gibt, stört heute keinen, denn was gibt es Schöneres, als im Liegestuhl auf einen Cocktail oder saftigen Big-Bacon-Burger zu warten und sich die Sonne auf den Bauch scheinen zu lassen. Das ist der Kölner Wohlfühlmodus. Hier muss sich niemand über nasse Badekleidung Gedanken machen oder in engen Kabinen umziehen, und wer doch etwas maritimes Feeling braucht, der begibt sich zum clubeigenen Piratenschiff. Nach einer kleinen Siesta geht es dann zum Volleyballfeld oder direkt an die luftige Strandbar. Im Winter übrigens wird die ganze Anlage auf links gedreht, dann bestimmen Eisbahn, Hüttengaudi und Winterzauber das Landschaftsbild. Doch bis dahin heißt es erst einmal: Vamos a la playa, oh, oh, oh …

TIPP

Ein Volleyball-Feld für den ganzen Sommer buchen.

● Playa in Cologne, Junkersdorfer Straße 1, 50933 Köln, Tel. (02 21) 71 61 62 20
www.playa.de
● ÖPNV: Stadtbahn 1, Haltestelle Rhein Energie Stadion

Ab in die Südstadt

21 Der Wasserfall im Volksgarten

Die Niagara-Fälle wurden schon mal fast trockengelegt, und es gibt stets Pläne, sie im Rahmen von Baumaßnahmen kurzzeitig abzustellen. Auch wenn es sich bei dem Wasserfall im Volksgarten eher um eine Miniatur-Ausgabe der berühmtesten Wasserfälle der Welt handelt, so wäre das in Köln undenkbar. Denn in einer der ältesten Grünanlagen der Stadt plätschert der Wasserfall, was das Zeug hält, und hat die Herzen der Kölner im Sturm erobert. Inmitten der Südstadt fühlt sich ein Besuch am Volksgartenweiher an wie eine exotische Reise. Denn der Volksgartenwasserfall ist umgeben von Felsen, überwuchert von Kletterpflanzen und ergießt sich in einen kleinen und leicht gebogenen Bachlauf. Eigentlich ist es sogar ein Zwillingswasserfall, wie die Wailua Falls auf der hawaiianischen Insel Kauai, und da geht es ordentlich nach unten. Im heimischen Volksgarten liegt alles im Areal einer ehemaligen Rheinrinne. So richtig tief ist es zwar beim Volksgartenweiher nicht, es ist gerade mal ein Meter Wassertiefe, doch das stört niemanden. Die Stimmung hebt sich an diesem Ort, der Glückspegel steigt, und es ist ein wahrer Wohlfühlort für die Augen und alle weiteren Sinne. Tatsächlich sind der Volksgartenweiher und der Wasserfall untrennbar miteinander verbunden, und die dritte im Bunde ist die postkartenschöne Wasserfontäne. Denn als der Weiher ab 1887 mit dem Volksgarten entstand, da wurde bereits an alles gedacht. Dazu gehört, dass die Fontäne sich um die Belüftung des Weihers kümmert, während der Weiher selbst vom erhöht liegenden Wasserfall durch das Grundwasser gespeist wird. Bei allem Respekt vor der Arbeit der Gartenarchitekten, wer an dieser wohlig fließenden Oase verweilt, der schaltet irgendwann den Kopf völlig ab. Es geht nur noch um das gleichmäßige Rauschen des Wassers, das sorgt für innere Ruhe und Ausgeglichenheit. Dazu muss niemand in die Ferne schweifen, denn das Glück liegt ganz oft vor der eigenen Haustür.

TIPP

Auch die Weiher in der Flora besuchen.

● Volksgarten, Eifelstraße, 50677 Köln
● ÖPNV: Stadtbahn 12, Haltestelle Eifelstraße

Ein Schiff wird kommen

22

Der Helios-Leuchtturm

In Köln Ehrenfeld muss niemand in die Ferne schweifen, um pures maritimes Glück zu erleben. Hier ragt der Helios-Leuchtturm mit stolzen 44 Metern in voller Pracht in den Himmel – inklusive eines strahlend hellen Lampenhauses an der Spitze. Es mag verwundern, dass weder der Rhein in Sichtweite liegt noch ein stürmisches Meer. Auch kam seit dessen Erbauung im Jahr 1894 garantiert noch nie ein Schiff an der Heliosstraße vorbei, zumindest nicht auf dem Wasserweg. Tatsächlich handelt es sich beim Helios-Leuchtturm um keinen Leichtmatrosen noch wird hier Seemannsgarn gesponnen. Denn der Turm aus Backstein, der sich nach oben hin verjüngt und zur Hälfte auf einem Sockel steht, war einst das Wahrzeichen der Helios AG. Das Elektronikwerk rüstete bis 1930 sehr erfolgreich Leuchttürme mit Leuchtfeuertechnik aus, sogar auf Borkum, Sylt und Wangerooge. Der hauseigene Turm war dabei Testlabor und Aushängeschild zugleich. Sogar die Seesignaltechnik des Nord-Ostsee-Kanals wurde von den Kölner Elektronikspezialisten mitgestaltet. Der Leuchtturm in der Heimat, benannt nach dem Sonnengott der Griechen, war dabei stets der verlässliche Fels in der Brandung. Jeder Schaltplan, der später in die große, weite Welt hinausging, wurde mit Hilfe von Helios überprüft. Dabei ließ das Ehrenfelder Leuchtfeuer alles geduldig über sich ergehen. Ganz sicher hat der Kölsche Leuchtturm vielen Seeleuten das Leben gerettet, und daher war es Ehrensache, dass das historische Wahrzeichen 1986 unter Denkmalschutz gestellt wurde. Offiziell begehbar ist der Turm heute zwar nicht, doch es wird berichtet, dass von seiner Kuppel der Blick bis in das Bergische Land und hin zum Siebengebirge schweifen kann. Fest steht jedoch, dass der Helios-Turm die Herzen aller Kölner im Sturm erobert hat. Ganz offiziell wird er zudem noch immer auf der Liste aller deutschen Leuchtfeuer auf Binnengewässern geführt, und zwar als der Helios Tower. Für ihn scheint also weiterhin die Sonne.

TIPP

Den Leuchtturm bitte aus der Ferne bestaunen. Macht glücklich.

- Helios-Leuchtturm, Heliosstraße 2, 50825 Köln
- ÖPNV: S 12, Haltestelle Köln-Ehrenfeld

TAXI

Ahoi, Kameraden ...

23 Große Kölner Hafentour

Die Hamburger Hafenrundfahrt auf einer Barkasse gehört zu den Dingen, die jeder einmal im Leben genossen haben sollte. Unvergessen sind auch die maritimen Klassenausflüge in den Duisburger Binnenhafen, den größten der Welt. Doch wie immer ist es zu Hause am schönsten, natürlich in Köln, ganz besonders am Wasser. So geht es direkt vom Konrad-Adenauer-Ufer aus auf die große Hafentour – mit der MS RheinCargo, der MS Rheinland oder der MS Rheinperle. Drei strahlend helle Schiffsschwestern, die zu einem Familienunternehmen gehören. Da klingt das „Leinen los" wie die Einladung zu einem Kurzurlaub. In den Kölner Häfen gibt es richtig viel zu sehen, nicht nur mit dem Blick einer Landratte. So gehört eine gute Portion Sog- und Wellenschlag auf dem Rhein dazu, wenn es durch den Deutzer und Mülheimer Hafen und den Container-Hafen Niehl geht. Im Rheinauhafen wird dann in alte Logbücher eingetaucht und über die Geschichte der historischen Anlage berichtet. Humor, Herz und Kölsche Redensarten sind natürlich mit an Bord, denn schließlich passen 250 Passagiere auf die MS RheinCargo. Die Gast-Seebären staunen besonders, wenn man vorbeischippert an Schrottumschlags-Anlagen in den ganz unterschiedlichen heimatlichen Häfen. Manchmal muss auch der eine oder andere leicht Seekranke beruhigt werden. Denn bei der Hafentour geht es natürlich mit den Containerschiff-Riesen auf Tuchfühlung, und die schieben ordentlich Rheinwasser vor ihrer Bugspitze her, obwohl die MS RheinCargo wirklich kein Sturm erschüttern kann. Denn mit 32 Metern Länge und rund 9 Metern Breite nimmt sie es mit jeder Welle auf, und der Hilfsmotor fährt natürlich immer mit. Die Entspannung folgt auch sofort, wenn am Rheinufer kleine, weiße Wolken auftauchen und Kurs auf eine friedlich grasende Schafherde genommen wird. So richtig will danach kein Passagier wieder festen Boden unter den Füßen haben. Obwohl nur vier Kölner Häfen angesteuert werden, geht jeder Passagier mit einem Fünf-Sterne Gefühl von Bord.

TIPP
Am besten einen Platz auf dem Oberdeck suchen.

- MS RheinCargo, Anlegebrücke in Köln Nr. 10 Dom/Hauptbahnhof, Tel. (02 21) 12 17 14, www.ms-rheincargo.de
- ÖPNV: Diverse Bahnen und Busse, Haltestelle Köln Hauptbahnhof

RheinCargo

Mach es wie die Sonnenuhr

24 Der Rheinpark

Man kann es drehen und wenden, wie man will, in Köln geht es fast immer um den Rhein, und das ist auch gut so. Zum einen fließt er mitten durch die Stadt, zum anderen hat er schon Denker und Dichter beflügelt. Ganz besonders jedoch die Gartenarchitekten. Die versammelten bereits um 1907 herum alle nur verfügbaren grünen Daumen und begannen mit den Planungen für den Rheinpark in Deutz. Der schlängelt sich inzwischen auf über vierzig Hektar schönstem Grün direkt entlang des Rheinufers, frei nach dem Motto: Stadt, Land, Fluss und noch vieles mehr. So wurde nicht nur ein Park, sondern vielmehr eine üppige Gartenanlage geschaffen, wo gleich zweimal die Bundesgartenschau stattfand. Doppelt hält eben besser, und so wandelten in den Jahren 1957 und 1971 die Gartenfreunde aus aller Welt über den berühmtesten und gepflegtesten Rasen von ganz Köln. Wer hier das Gras nicht wachsen hört, der ist selbst schuld. Doch damit hörte das Gartenglück längst nicht auf, denn 1989 wurde der Park unter Denkmalschutz gestellt und zu seinem fünfzigsten Geburtstag gab es die Auszeichnung als schönster Park in ganz Deutschland. Es folgte außerdem ein zweiter Platz bei der Wahl zum schönsten Park Europas. Zu verstehen ist das, denn in dieser grünen Oase direkt am Fluss sprudelt das klare Wasser im Brunnengarten sowie dem Wasserpark üppig, und es gibt keine perfektere Liegewiese als den Kieselstrand direkt am Rhein. Vielleicht müsste es auch heißen: Stadt, Land, Himmel und Fluss, denn direkt über der Gartenanlage schwebt die berühmte Kölner Seilbahn und aus der Luft ist erst zu erkennen, wie großzügig das Areal vom Rheinpark zwischen Tanzbrunnen und Zoobrücke angelegt wurde. Besonders im Sommer können hier mit einem guten Buch unter einem Sonnenhut ganze Tage verbracht werden. Einfach so, wie es gefällt und zufrieden macht und die Parkbesucher zum Strahlen bringt. Das passiert allerdings schon am Eingang. Denn dort ist zu erfahren, dass der Eintritt in den Rheinpark kostenlos ist.

TIPP

Direkt nebenan befindet sich die Claudius Therme.

- Rheinpark, Auenweg, 50679 Köln
- ÖPNV: Bus 260, Haltestelle Deutz Im Rheinpark

Ein verborgener Schatz

25

Der Wassermannsee

Wer im Sternzeichen des Wassermanns geboren wurde, der gilt als einfallsreich, clever und nimmt auch gerne mal einen Umweg in Kauf. Das behaupten zumindest die Astrologen. So standen die Sterne wahrscheinlich ganz besonders günstig, als die Firma Wassermann in den 20er-Jahren in Köln Vogelsang ein rund 28 Hektar großes Grundstück erwarb und einen Betrieb für Kanalbau gründete. Doch niemand konnte damals ahnen, dass hier rund hundert Jahre später eines der üppigsten Biotope im Rheinland entstehen würde – mit dem Wassermannsee als blau glitzerndem Herzstück. Allerdings ist es bis heute so, dass diese Wiesenlandschaft erobert werden möchte, und so gibt es nur wenige direkte Wasserzugänge. Eine Wanderung durch dieses Naturschutzgebiet ist so abenteuerlich und geheimnisvoll wie der See selbst, denn die Natur konnte sich in einzigartiger Weise die Landschaft zurückerobern. Wo früher angespülter Kies abgebaut und geschürft wurde, befindet sich nun ein sehr dichtes, fast dschungelartiges Wald- und Buschgebiet. Das ist nicht nur ein großartiges ökologisches Geschenk an alle Naturfreunde, sondern auch eines für eifrige Schatzsucher. Rund um den Wassermannsee findet häufig Geocaching statt, bei welchem die Teilnehmer nur Koordinaten erhalten und dann mit vorab versteckten Botschaften an einzelnen Stationen Aufgaben lösen müssen. Früher hieß so etwas einfach nur Schnitzeljagd. Wenn es darum geht, welche Fischarten im angrenzenden Gewässer leben, dann müssen dabei eigentlich nur die Angler vor Ort befragt werden. Denn es haben sich Karpfen, Fluss- und Sonnenbarsche angesiedelt, und wahrscheinlich wissen nur diese, was sich auf dem Grund des Sees befindet. Denn der damals abgebaute Kies wurde vor Millionen von Jahren von einem alten Rheinarm angespült. Die Vogelsanger Bürger übrigens genießen seit jeher die Abgeschiedenheit ihres Stadtteils am Wassermannsee. Vor allem jedoch, dass die Spatzen bisher nicht jedes Geheimnis um den See von den Dächern gepfiffen haben.

TIPP

Auch den Wassermannpark in der Nähe besuchen.

- Wassermannsee, Zugang über Dompfaffenweg, 50829 Köln
- ÖPNV: Bus 143, Haltestelle Vogelsanger Markt

Fels in der Brandung

26 Der Hafenkran Herkules

Sein Name klingt etwas nüchtern – Hafenkran Nr. 35. Doch wer den berühmtesten historischen Kran von ganz Köln besucht, der erkennt sofort, dass hier ein ganz Großer am Rheinufer steht. Schließlich wurde er von den Kölnern nicht ohne Grund auf den Namen Herkules getauft, denn der Held der griechischen Mythologie ist für seine Stärke bekannt. Da kann der Namensvetter mit dreißig Tonnen Tragkraft locker mithalten, selbst, wenn er nun „Der Alte Herkules" genannt wird. Ende der 80er-Jahre ging es für den denkmalgeschützten Riesen am Südkai in den wohlverdienten Ruhestand. Bis dahin tat er seit 1897 bei Wind und Wetter seinen Dienst im Rheinauhafen. Der Hafenkran Herkules thront noch immer auf einem steinernen Podest, so dass das erhöhte und hölzerne Steuerhaus gut zur Geltung kommt. Inzwischen ist der Kran zum Rhein hin ausgerichtet, und von seinen mächtigen Auslegern herab wiegt sich die Seilwinde an Ketten im Wind. Wer den angestrahlten Kran in der Dunkelheit besucht, der bekommt einen unvergesslichen Gänsehautmoment geschenkt. Einen solchen, wie ihn die Höhner in ihrem Lied: „Hey Kölle – Du bes e Jeföhl" beschreiben, wenn es um das alltägliche Glück in der Heimatstadt geht. Doch um ehrlich zu sein, standen Romantik und Sehnsucht wohl nicht auf der technischen Agenda, als der Hafenkran in Betrieb genommen wurde. Denn er musste in erster Linie funktionieren. Dazu brauchte es anfangs für den Handbetrieb sechs sehr starke Männer, bis dann später auf einen Elektromotor umgestellt wurde. Doch die große Stunde des einst jungen Herkules sollte noch kommen: Am 14. November 1924 hatte er das kostbarste Gut der Stadt am Haken, und das war die 24 Tonnen schwere weltberühmte Petersglocke. Besser bekannt als der Dicke Pitter, und vom Hafen aus ging es in Richtung Kölner Dom. Noch heute bleibt kein Auge trocken, wenn die Glocke Nummer 1 vom Domgeläut zu besonderen Anlässen erklingt. Wer weiß, vielleicht hatten die Erbauer von Herkules doch ein kleines bisschen Sinn für Romantik.

TIPP

Auch die anderen Hafenkräne in der Umgebung besuchen.

- Hafenkran Herkules, Agrippinawerft 30, 50678 Köln
- ÖPNV: Bus 133, Haltestelle Rheinauhafen

Wohlig träumen

27 Das Hotel Wasserturm

Die meisten Menschen haben sie ein Leben lang im Kopf, jene Wunschliste mit allen schönen Dingen, die auf jeden Fall noch erlebt und somit erledigt werden müssen. Wer dabei das Hotel Wasserturm in Köln auf dem Zettel stehen hat, der kann beruhigt ein weiteres Häkchen machen. Ein sehr großes sogar. Denn in dem einst größten Wasserturm Europas in der Innenstadt sind die Glücksmomente zu finden, wo tatsächlich nur von Luft und Liebe gelebt werden kann. Obwohl das Restaurant in 35 Metern Höhe mit Dachterrasse so himmlisch kulinarische Erinnerungen schafft, dass die Wunschliste spontan erweitert werden muss und es Zeit für einen roten Strich ist. Der für den siebten Himmel, denn in dem schweben die Hotel- und Restaurantgäste, nachdem es zehn Etagen hochging und sich dann der Panoramablick bis hin zum Siebengebirge samt Drachenfels auftut. Jetzt einfach nur innehalten, nicht an Listen denken, sondern nur den Moment genießen. Hier steht mitten in der Dom-Stadt eines der berühmtesten Hotels im Rheinland, ein historischer Backsteinrundbau mit stolzen 34 Metern Durchmesser. Als das Baudenkmal 1872 fertiggestellt wurde, war es schon eine Berühmtheit und konnte sich als Weltneuheit feiern lassen. 3650 Kubikmeter Wasser passten in den Speicher, und die Kölner Bevölkerung saß somit nie auf dem Trockenen. Ab 1990 wurde der Prachtbau mit der Eröffnung des Hotels im Wasserturm erneut über die Stadtgrenzen hinaus bekannt. Es gibt seitdem 88 Zimmer, und es haben bereits Film- und Fernsehstars hier genächtigt und so mancher rote Teppich wurde ausgerollt. Es ist die ganz besondere Stimmung, die sich wie eine Perlenschnur durch das Gebäude zieht. Das liegt zum einen an den hellen und luftigen Zimmern, doch auch daran, dass dieses denkmalgeschützte Haus kaum Ecken hat. Der Backstein strahlt viel Wärme aus, und hinter den dicken Mauern verschwinden alle Gedanken an die Außenwelt. Jetzt geht es nur noch darum zu überlegen, ob Orte auf der Wunschliste auch doppelt besucht werden können.

TIPP
Direkt gegenüber ist das Agrippabad.

- Hotel im Wasserturm, Kaygasse 2, 50676 Köln, Tel. (02 21) 2 00 80
- ÖPNV: Stadtbahn 18, Haltestelle Poststraße

Seesucht

28 Der Liblarer See

In einem bekannten und sehr gefühlvollen Lied wird ja gesungen: „Lass uns hier raus, hinter Hamburg, Berlin oder Köln. Lass uns gehen …“ Doch die Kölner schauen sich dann immer ein bisschen fragend an. Warum sollten sie aus der Domstadt weggehen? Außer vielleicht an einem sehr warmen Sommertag mit Picknickkorb, Strandmatte und Badezeug im Gepäck. Dann geht es tatsächlich fünfzehn Kilometer raus, über die Luxemburger Straße Richtung Hürth und hin zum glasklaren Liblarer See an der Ville-Seenplatte in Erftstadt-Liblar. Einst wurde auch dort Braunkohle abgebaut, doch der See als Restloch blieb als tiefblaues Andenken erhalten und besitzt eine einmalige Wasserqualität. Das hat sich herumgesprochen, und so entstand ein wahres Schwimm- und Wassersport-Paradies, wo es sogar heißt: „Leinen los“. Denn kleine Schwertjollen gleiten mit weißen Segeln über den See, während Kanuten tapfer eine Eskimorolle nach der anderen üben. Der glitzernde Liblarer See ist so etwas wie das Wimbledon des Kanupolo-Sports, und die einheimischen Sportler haben schon an Welt- und Europameisterschaften teilgenommen oder gehören zur deutschen Nationalmannschaft. Das Glück ist ja bekanntlich mit den Tüchtigen, und so fällt es tatsächlich schwer, sich an diesem Gewässer nicht zu bewegen. So gibt es beim Wassersport, Wandern oder dem Nordic Walken rund um das Gewässer nur fröhliche Gesichter, denn Kurs und Tempo bestimmt jeder selbst. Auch Radfahren geht ganz prima. Platz ist für alle genug da, denn der Liblarer See bringt es auf stolze 52 Hektar, und es geht bis zu 13 Meter in die Tiefe. Deshalb sollte am besten im Strandbad geschwommen werden, denn da passt eine Badeaufsicht auf alle Wasserratten auf, und der 200 Meter lange Sandstrand ist einfach zu schön, um wahr zu sein. Wer sich tatsächlich etwas länger von Köln trennen möchte, der mietet sich auf dem Campingplatz ein und genießt am bewaldeten Seeufer ein Urlaubsgefühl vom Feinsten. Plus kleiner Melodie im Ohr: „Lass uns nicht gehen …“

TIPP
Den Park von Schloss Gracht besuchen mit kostenlosem Eintritt.

- Liblarer See, 50374 Erftstadt (Navi: Erholungsgebiet Liblarer See)
- ÖPNV: Bus 979, Haltestelle Liblarer See/Erftstadt

Auf ihn ist Verlass

29

Der Kölner Rheinpegel

Auf den ersten Blick erscheint der weiße Turm direkt am Rheinufer wie aus der Zeit gefallen – samt schwarzweißem Schriftzug, der ein paar Jahrzehnte auf dem Buckel hat. Doch die Kölner wissen, dass sie sich auf die Zeiger des maritimen Wahrzeichens verlassen können, denn hier steht ihr Kölner Rheinpegel. Der hat seit 1951 direkt in der Altstadt sein Zuhause, ist rund um die Uhr bei Wind und Wetter im Einsatz und hält das Steuerrad fest in der Hand. Dafür wird er geschätzt wie kaum ein anderes Bauwerk in der Domstadt und das seit Generationen. Den Rheinländern ist das Pegel-Häuschen so ans Herz gewachsen wie der Dom, und sie vertrauen der Hochwassermessstation bedingungslos. Die ist durch Schwimmkörper mit dem Rhein verbunden und überträgt den Wasserstand auf die Uhr an der Turmspitze. Da muss gleich zweimal hingeschaut werden, denn nicht die Uhrzeit ist abgebildet, sondern der Stand des Rheinpegels. Dabei zeigt der kleine Zeiger die Meter und der große die Dezimeter der Fluten an. Nicht immer gibt es da glückliche Gesichter, denn Köln musste schon viele Jahrhunderthochwasser überstehen, wo die Marke von zehn Metern übertroffen wurde. In Aufzeichnungen von 1784 wurde von 13,55 Metern berichtet. Eher unbeschwert geht es bei einem normalen Wasserstand von 3,48 Metern zu, ab 4,50 Metern spricht man von Hochwasser. Der Kölner Pegel hat an seiner Adresse am Stromkilometer 688 alles erlebt, und die gute Nachricht ist, dass er so rasch und zuverlässig meldet, sodass inzwischen bei Hochwasser alle nur denkbaren Sicherheitsvorkehrungen rechtzeitig getroffen werden können. Nicht umsonst erscheint die Pegel-Station wie eine kleine Festung, auf die im Notfall gezählt werden kann. Im direkten Umfeld liegen die bunten, denkmalgeschützten Stapelhäuser und die Kirche Groß St. Martin. Es hat vielleicht bei Hochwasser nicht immer geklappt, doch die Kölner leben weiterhin voller Hoffnung nach dem Motto: „Et hätt noch immer jot jejange." Schließlich verlässt ihr Rheinpegel nie seine Position.

TIPP

Hier auch den Fischmarkt und den Brunnen der Fischweiber besuchen.

- Kölner Rheinpegel, Frankenwerft, 50667 Köln
- ÖPNV: Stadtbahn 5, Haltestelle Heumarkt

PEGEL KÖLN

Hafengeburtstag

30

Dock.One & Harbour Club

Wer sich in einer waschechten Hafenstraße maritime Luft um die Nase wehen lassen will, der ist in den historischen Hallen vom Dock.One im Hafen von Köln-Mülheim ganz genau richtig. Besonders, wenn diese gemietet werden, um für eine Geburtstagsfeier oder ein Jubiläum in See zu stechen. Ganz egal, ob dabei in den Dimensionen einer Kreuzfahrt gedacht wird oder es unter Deck eher gemütlich zugehen soll. In diese ehemalige Industriehalle passen bis zu 1.200 Land- und Wasserratten, und zu laute Musik stört hier wirklich niemanden. Denn das maritime Gelände vom Dock.One-Backsteinbau liegt tief im Herzen des authentischen Mülheimer Hafens, und da dürfen die berühmten Kölner Fünfe auch mal gerade sein. Es ist einfach die Nähe zum Wasser, die einen in dieser Event-Location sofort zur Ruhe kommen lässt. Ohne natürlich die Lust am Feiern zu verlieren, denn schließlich muss im luftigen Außenbereich das einmalige Hafenflair genossen werden. Nur Spaßverderber würden an einem solch traumhaften Abend darauf hinweisen, dass das die Schäl Sick von Köln ist. Diese Sprüche sind längst überholt und stören erst recht nicht die Feierlaune. Tür an Tür lädt übrigens der New Yorker Harbour Club zum Kapitäns-Dinner ein, und auch diese denkmalgeschützten Räume können für jede Art von Feier gebucht werden. Das Schöne ist, auch da muss sich um nichts gekümmert werden, sondern die Gastgeber geben den Kurs vor und welche Art von Fest sie sich wünschen. Dann hängt das Team vom Harbour Club die Samtvorhänge so um, dass die Größe der Räume genau zum Anlass passt. Musik, Catering, alles wird nach Wunsch zusammengestellt, und wer im Winter feiert, der bekommt gleich noch den Kamin angeworfen. Für den wurde einfach ein alter Brennofen umfunktioniert. Wenn dann die Party so richtig in Schwung gekommen ist, dann kann das Treiben sogar von einer Empore aus genossen werden. Oder das Geburtstagskind hält gleich von dort oben seine Rede und das am besten mit ordentlich Seemannsgarn garniert.

TIPP

Auch das Hotel New Yorker in der Nähe besuchen.

- Dock.One/Harbour Club, Hafenstraße 4/Auenweg, 51063 Köln, Tel. (02 21) 4 73 33 92
- ÖPNV: Bus 150, Haltestelle Mülheim Auenweg

The New yorker
DOCK.ONE

Einfach mal blaumachen

31

Wasserspiele am Ring

Es ist ja so eine Sache mit Oasen, denn oft tauchen sie erst nach langer Suche aus dem Nichts auf, und es erschließt sich ungeahnt ein kleines Paradies. So ist es auch am Kaiser-Wilhelm-Ring beim Belgischen Viertel inmitten von ordentlich Verkehr und Straßenlärm. Tatsächlich liegt hier gleich eine ganze Insel wie aus dem Bilderbuch, die nur über Fußgängerüberwege erreicht werden kann. So wird nach nur wenigen Schritten eine kleine Parklandschaft mit viel Wasser betreten und die Außenwelt und der Lärm verschwinden. Es zwitschern Vögel, und vor allem plätschert das Wasser gleichmäßig und ruhig vor sich hin. So geht pure Erholung mitten in der Stadt. Im Kaiser-Wilhelm-Park sprudeln rund ein Dutzend Wasserfontänen um die Wette. Besonders Glückliche bekommen an heißen Sommertagen gleich ein paar Tropfen Abkühlung davon ab, das sind die kleinen Dinge, die das Herz erfreuen. Davon gibt es hier mehr als genug, denn es erschließt sich ein rund 150 Meter langes Wasserbecken, welches zwar nicht als Pool gedacht ist, aber die Lust auf kühles Nass weckt. Bestimmt hat keiner etwas dagegen, wenn einfach für eine kleine Pause die Füße ins Wasser gehalten werden. Doch damit ist der Höhepunkt des Parkbesuches noch nicht erreicht, denn es gibt eines der imposantesten Kunstwerke der ganzen Stadt zu bestaunen. Der Blickfang der ovalen Grünanlage ist der sogenannte Fischbrunnen. Eigentlich ist bei diesem über sechs Meter hohen Springbrunnen ein ganzer Schwarm bis ins Detail abgebildet worden, und die Fische verkeilen sich förmlich ineinander. Sie zeigen, wie eine starke Gemeinschaft aussieht. Der Brunnen ist auch als Gothaer Brunnen bekannt und wurde erschaffen von Elisabeth Baumeister-Bühler (1912-2000), die Köln zu ihrer Heimat machte und 1958 die erste Dombildhauerin der Dombauhütte zu Köln wurde. Für die damalige Zeit eine Sensation. So kann wahrlich behauptet werden, dass es im beschaulichen Kaiser-Wilhelm-Park nichts gibt, was es nicht gibt.

TIPP

Einfach „nur so" mal in den Park setzen.

- Park/Fischbrunnen, Kaiser-Wilhelm-Ring 26–28, 50672 Köln
- ÖPNV: Stadtbahn 12, Haltestelle Christophstraße

Ja, ich will ...

32

Der Bleibtreusee

Blau ist ja bekanntlich die Farbe der Treue, und wer einmal in das kühle Nass vom Bleibtreusee bei Brühl eingetaucht ist, der wird immer wieder gerne hierherkommen. Es kann natürlich sein, dass Badegäste doch mal in Versuchung geraten, fremdzugehen. Denn das tiefblaue Gewässer liegt inmitten der Villeseen-Platte bei Hürth und Erftstadt. Zu der gehören gleich vierzig Seen. Doch wer einmal sein Handtuch am Ufer des Bleibtreusees ausgebreitet hat, der wird diesem See lebenslange Verbundenheit schwören. Ganz besonders, wenn die vielen Vögel munter zwitschern und die Sonne aus allen Knopflöchern scheint. Köln ist ganz nah, und an heißen Tagen kann im Naturpark Rheinland eiskalte Abkühlung gefunden werden. Das Stillgewässer entstand Mitte der 30er-Jahre in leeren Tagebaugruben, in die nach und nach Grundwasser sickerte. Gut Ding will Weile haben, und so floss hier über die Jahrzehnte Tropfen für Tropfen herein, so dass heute in diesem 74 Hektar großen Wasserparadies geschwommen und sogar gesurft werden kann. Allerdings sollte der Badeausflug auch mit Vorsicht angegangen werden, denn das Wasser ist bis zu 13 Metern tief. Doch Rheinländer passen ja aufeinander auf, und wem es vielleicht doch eine Spur zu kühl ist, der genießt einfach die Aussicht am See. Der erstrahlt aus der Luft wie ein azurblaues Dreieck, dessen Ufer von Pappeln, Kiefern und Lärchen gesäumt sind. Das Idyll gefällt sogar den Vögeln, weil sie auf einer kleinen Insel im See ganz ungestört nisten können. Es ist vor allem die Ruhe, die Mensch und Tier am Bleibtreusee so unendlich guttut. Für etwas Bewegung nach dem Sonnen- oder Erfrischungsbad sorgt der fünf Kilometer lange Rundweg um den See. Vielleicht beim nächsten Mal diese Runde barfuß laufen, um der Natur noch tiefer verbunden zu sein. Die Namensgebung für den See war auch kein Zufall, und so stand ein Pionier der Braunkohleindustrie Pate, nämlich Hermann Bleibtreu, und der wusste schon damals, dass sein Name weder Schall noch Rauch sein würde.

TIPP

Sich hier auf Wasserski trauen.

- Bleibtreusee, Bleibtreuseeweg 1, 50321 Brühl
- ÖPNV: Bus 979, Haltestelle Brühl Heide Abzw.

Alle Mann an Bord

33

Die Fähre Langel

Leider dauert die Überfahrt der Fähre Köln-Langel/Hitdorf nur fünf Minuten. Doch das sind immerhin fünf Minuten Seeluft schnuppern und auf den Wellen des Rheins schippern. Also alles besser als nichts. Allerdings gibt es keine Begrenzung, wie oft die Fährstrecke zwischen Köln Langel und Leverkusen Hitdorf zurückgelegt werden darf, und die gute Nachricht dabei ist, dass die „Fritz Middelanis" stolze 362 Tage im Jahr die beiden Rheinufer verbindet. Nur an Weihnachten und Silvester gibt es kurze Pausen für die Schiffer, ansonsten transportiert die Auto- und Personenfähre alles, was laufen und fahren kann. Fußgänger mit oder ohne Fahrrad, Berufspendler, Autofahrer samt PKW und sogar Busse und Landmaschinen dürfen mit, trockenen Fußes und in Rekordzeit, gemessen an der Fahr-Alternative über die Leverkusener Autobahnbrücke. Eigentlich verkehrt die Fähre ab frühmorgens alle fünfzehn Minuten. Doch wenn es mal zu viele Fahrgäste sind beim Rheinkilometer 705,3, dann verzichten Fährkapitän und Crew schon mal auf ihre Pausen und fahren durch. Seit 1962 setzen die Seebären mit Herz bis zu 250 Passagiere auf einer Überfahrt über oder maximal 16 PKW. Meist kann immer noch etwas zusammengerückt werden, doch bei 65 Tonnen Traglast ist Schluss oder dann, wenn bei Hochwasser, Nebel oder Sturm auch kein Hund mehr vor die Tür geht. Bootshunde sind selbstverständlich ebenfalls herzlich willkommen auf der 42 Meter langen und elf Meter breiten Fähre, die nach einem Leverkusener Industriellen benannt wurde, der auch mal Geschäftsführer der Fährgesellschaft war. Hitdorf als Handelshafen wurde übrigens schon 1252 erwähnt, und das Fährrecht besteht seit 1633. Lange wurden Ruderboote eingesetzt, doch seit 1930 geht es hier mit motorisierten Großfähren über den Rhein. Die „Fritz Middelanis" ist dabei eine äußerst robuste Schiffsdame im besten Alter mit vier-PS-starken Motoren, Ruder-Propellern und breiten Landeklappen. Solch eine Seefrau kann wirklich nichts erschüttern.

TIPP

Die erste und letzte Überfahrt geht immer ab LEV-Hitdorf.

- Fähre Langel, Hitdorfer Fährweg, 50769 Köln
- ÖPNV: Bus 121, Haltestelle Langel Nord

Rundum sorglos

34 Der Weißer Rheinbogen

Selbst gebürtige Rheinländer wissen oft nicht, wo der Kölner Stadtteil Weiß eigentlich liegt. Tatsächlich versteckt dieser sich auch ein bisschen oder besser gesagt, dort spielt sich alles am und auf dem Rhein ab. Schließlich gehört Weiß zum deutlich bekannteren und ebenso schönen Stadtbezirk Rodenkirchen. Das Herzstück des Ortes ist jedoch der Weißer Bogen, der am besten von der gegenüberliegenden Rheinseite aus bei Ensen, Porz oder Zündorf zu bestaunen ist. Hier im Kölner Süden liegt dieses Hochwasser- und Naturschutzgebiet wie eine halbkreisförmige Insel direkt am Strom. Dieser Anblick erinnert in seiner ganzen Pracht sofort an die Region um den weltbekannten Loreley-Felsen. Nur dass vom Weißer Rheinbogen keine Gefahr ausgeht, sondern hier, inmitten eines Auenwaldes, die Uferregion auch als Hochwasserschutz dient, und zwar schon seit Jahrhunderten, denn Weiß wurde bereits im Jahr 1130 erstmals erwähnt und war auch schon unter dem Namen Wyß bekannt. Früher gab es vor Ort viel Landwirtschaft, daher ist die Gegend zwar nicht blütenweiß, erstrahlt jedoch in prachtvoller Natur. Alte Backstein- und Fachwerkhäuser prägen diesen malerischen Ort und erinnern daran, dass Köln ganz viele und sehr unterschiedliche Gesichter hat. Vom Veedel bis zum Stadtbezirk jedoch ist alles gleich bezaubernd. Zudem ist der Weißer Bogen auch Trinkwasserschutzgebiet, und die Region wird für ihre Ruhe und Abgeschiedenheit besonders von Wanderern geschätzt. So werden bevorzugt von der Uferstraße aus Touren gestartet und Tipps für die perfekte Route gerne weitergegeben. Dabei heißt es immer wieder, dass besser festes Schuhwerk mitgebracht werden soll, denn die Strecken gelten als recht anspruchsvoll. Das jedoch ist nicht die einzige Tücke im Bereich des Hochwasserschutzdammes. Wer sich dem Ufer nähert, der sollte etwas aufpassen, denn da tummelt sich ein Krokodil im Wasser. Zumindest lautet so der Bootsname der kleinen Rheinfähre, die täglich nach Zündorf zur Groov übersetzt.

TIPP

Zum Fährbetrieb gehören noch Frika und Krokolino.

- Weißer Rheinbogen, Weißer Leinpfad, 50999 Köln
- ÖPNV: Bus 131, Haltestelle Sürth Hammerschmidtstraße

Ende gut, alles gut

35 Die St. Nikolaus-Schifferkapelle

Es ist einfach gut zu wissen, dass es Orte gibt, denen nichts und niemand etwas anhaben kann, selbst der stärkste Sturm nicht. So hat die schneeweiße Schifferkapelle St. Nikolaus in Westhoven direkt am Rheinufer unzähligen Seeleuten Schutz und Zuversicht geboten und das seit dem Jahr 1100. Sie ist zwar nur ein 8 x 13 Meter kleines romanisches Gotteshaus, aber mit ganz großer Wirkung und viel Ausstrahlung. Ein Zuhause für alle, die auf den Flüssen unterwegs waren und es noch immer sind. Denn wenn die Schiffer und Kaufleute einst über den Rhein fuhren, dann wurde oft für eine innere Einkehr oder ein Gebet an der Saalkirche festgemacht. Entweder wenn es zum Hafen nach Zündorf ging oder für die ganz große Fahrt kirchlicher Segen gebraucht wurde. Denn der heilige Nikolaus von Myra, dem die Kapelle geweiht ist, gehört zu den Schutzheiligen der Seefahrer und dessen Beistand wurde auf dem Wasser mehr als einmal gebraucht. Die Fluten breiten sich auch hier öfter mal aus, und so sind an St. Nikolaus noch immer sehr deutlich Hochwassermarkierungen zu erkennen. Die kleine Anhöhe, auf der die Schifferkirche steht, bietet ihr deshalb doppelten Schutz, und so hat die idyllische, aus Tuff- und Rheinkieseln erbaute Kirche nie etwas erschüttert. Selbst als das ganze Dorf um sie herum nach und nach verschwand oder zerstört wurde, hielt sie tapfer die Stellung am Rhein. Vielleicht auch, weil sie am Weißer Rheinbogen eher abgeschieden liegt, umgeben von einem alten Friedhof. Innen legen sich kleine Weinranken um den Altar, und die Skulpturen von Muttergottes und Heiligen Nikolaus wachen über dem christlichen Anwesen, das sogar einen Glockenturm samt Fachwerkgiebel hat. Da die Kirche seit Generationen immer gut zu den Menschen war, kümmert sich heute die Bevölkerung mit ganz viel Mühe, Liebe und Hingabe um sie. Eine Hand wäscht eben die andere.

TIPP

Über eine Treppe geht es direkt zum Rhein.

- St. Nikolaus, Pfarrer-Nikolaus-Vogt-Weg 2, 51149 Köln
- ÖPNV: Stadtbahn 7, Haltestelle Westhoven Berliner Straße

Doppelte Schokoladenseite

36

Die Südbrücke

Ganz egal, von wo aus die historische Südbrücke betrachtet wird, sie macht etwas mit einem, und niemand kann sich ihrem Zauber entziehen. Vielleicht liegt es daran, dass sie die älteste Rheinbrücke in Köln ist und bereits 1910 in Betrieb genommen wurde. Doch da sind eben die majestätischen Rundbögen, die sich über 368 Meter Brückenlänge hinweg wölben und dem Wahrzeichen zwischen den beiden Rheinufern etwas Stolzes und Erhabenes verleihen. Nicht umsonst steht das Bauwerk schon seit 1994 unter Denkmalschutz. Jede Brücke hat ja ein eigenes Gesicht, doch diese bringt einen durchaus schon mal ins Grübeln. Warum erscheint sie einem so vertraut und ist man nicht eben erst an ihr vorbeigekommen? Dieses Rätsel kann rasch gelöst werden, denn die Brücke hat mit der Hohenzollernbrücke beim Dom eine Zwillingsschwester. Die wurde nur ein Jahr später, 1911, fertiggestellt. Beide Brückenschönheiten bestechen durch ihre Eleganz und werden noch immer für den Bahnverkehr genutzt. Wer einmal ganz nah an die Südbrücke und die historischen Brückenpfeiler herangegangen ist, der kommt gleich noch mehr ins Rätseln. Denn dort im rostroten Steinbau sind noch immer eingemeißelte Symbole aus dem Rheinland zu erkennen. Die wurden von den Architekten dort als Verzierung in den Torbauten verewigt. Zwar musste das Bauwerk einiges überstehen, und die Schnörkel konnten bei Restaurierungen nicht immer nachgebildet werden, doch es ist ein faszinierender Moment, am Gustav-Heinemann-Ufer zwischen Bayenthal und der Südstadt zu stehen und emporzublicken zu diesen gemeißelten Brückensagen. Einen ebenso prachtvollen Ausblick gibt es rechtsrheinisch, von den Poller Wiesen aus zwischen Deutz und Poll. Da gehen die sattgrünen Rheinwiesen direkt in den Fluss über, während sich die Südbrücke über den Rhein erstreckt. Dieser Moment ist gerade bei Sonnenuntergang unvergleichlich, und die Versuchung ist groß, jetzt noch einmal rasch auf die andere Rheinseite zu laufen. Was sind schon 368 Meter?

TIPP

Die Brücke kann auch mit dem Fahrrad überquert werden.

- Südbrücke, Gustav-Heinemann-Ufer, 50968 Köln oder Alfred-Schütte-Allee, 51105 Köln
- ÖPNV: Stadtbahn 16, Haltestelle Bayenthal Schönhauser Straße; Bus 159, Haltestelle Poll Hauptstraße

Es bleibt in der Familie

37

Fisch Feinkost Hembsch

Eine Sache kommt bei Fisch Feinkost Hembsch in der Südstadt erst gar nicht in die Kundentüte: tiefgekühlte Fischstäbchen. Denn alles, was hier über die Ladentheke geht, ist absolut fangfrisch. Wer Fisch bisher nur am Freitag gegessen hat, der kommt nun ganz sicher täglich in das helle Geschäft mit der großzügigen Theke. Das lohnt sich besonders zum Mittagstisch, dann können die Fischgerichte auch mit knackigem Salat und hausgemachten Saucen genossen werden. Hinter der Ladentheke steht die Familie Hembsch schon in vierter Generation und weiß ganz genau, was an Fischköstlichkeiten in der Auslage liegt. Schließlich sind sie perfekt vernetzt mit ihren Lieferanten, und es kommt durchaus vor, dass auch mal Kontakt mit einem Fischkutter aufgenommen wird. Die Ladenbesitzer sind dabei mit allen Wassern gewaschen, und Massenfang war für sie immer ein Fremdwort. Die vielen Spezialitäten, die im Geschäft präsentiert werden, sind daher so bunt wie ein Blumenstrauß, und der zartrosa Lachs sieht einfach zum Anbeißen aus. Die Garnelen in einer delikaten Kräutermarinade müssen nur noch in die heimische Pfanne geworfen werden, zergehen dann förmlich auf der Zunge. Das Rezept jedoch behält das Fischfachgeschäft für sich, und das ist auch gut so, denn ein bisschen Kochgeheimnis ist doch das berühmte Salz in der Suppe. Wenn es allerdings um die Wahl des richtigen Weins zum Essen geht, dann kommen Kunden und die Inhaberfamilie stets rege ins Gespräch. Dabei ist zu erfahren, dass nur Fischwaren verkauft werden, die aus reinen Aquakulturen stammen und nachhaltig angeliefert werden. Das ist bei Fisch Feinkost Hembsch auch bei der Verpackung festzustellen, auf die sehr viel Wert gelegt wird. Zwar wird der Fisch nicht in Zeitungspapier eingewickelt, doch fast schon sinnlich von Hand verpackt. Obwohl, wenn der Kunde unbedingt Zeitungspapier möchte, dann wird sicher auch dieser Wunsch erfüllt werden. Gute Nachrichten sollten sich eben schnell rumsprechen.

TIPP

Für jeden Anlass kann auch eine kunstvolle Fischplatte bestellt werden.

- Fisch Hembsch, Severinstraße 68–70, 50678 Köln, Tel. (02 21) 31 16 46
- ÖPNV: Stadtbahn 17, Haltestelle Kartäuserhof

Frische
Muscheln
FISCH

Wir machen blau

38

Der Hürther Waldsee

Manchmal muss man eben doch in die Ferne schweifen, obwohl natürlich in Köln das Gute stets zum Greifen nah liegt. Wobei ein Besuch am Hürther Waldsee auch keine Weltreise ist, sondern einfach ein wunderschöner Ausflug an die Südgrenze von Köln. Daher den Sonnenschutz bitte nicht vergessen. Die Aussichten könnten nicht besser sein, wenn es zum Hürther Waldsee geht, der auch als Theresiasee bekannt ist. Das liegt daran, dass auf diesem Gebiet einst Braunkohle abgebaut wurde und das Grubenfeld auf den wohlklingenden Namen Theresia getauft wurde. Doch heute erinnert nichts mehr an den Tagebau, sondern inmitten des dichten Waldgebietes erstrahlt der azurblaue See wie eine leuchtende Oase. Diese ist immerhin über zehn Hektar groß und reicht bis zu acht Meter in die Tiefe. Das Gewässer ist sozusagen das Nesthäkchen im Naturpark der Ville-Seen-Platte im Rhein-Erft-Kreis, denn erst ab 1988 wurde mit der Rekultivierung begonnen, und Tröpfchen für Tröpfchen sickerte das Grundwasser in das heutige Gewässer. Allerdings war schon bei der Planung klar, dass hier ein ganz besonderes Naturschutzgebiet entstehen sollte, welches den Lebensraum von Pflanzen und Tieren wiederherstellt, praktisch in seinen Urzustand versetzt. Das ist nahezu perfekt gelungen, denn schon bald siedelten sich rund um den See seltene Orchideen oder auch Fledermäuse an, und im Wasser wimmelt es von Muscheln, Schnecken und Wasserkäfern. Zwar ist der Waldsee kein Badesee, aber Mensch und Tier fühlen sich im und am Wasser einfach pudelwohl. Wer jetzt noch etwas für das eigene Wohlbefinden tun möchte, der wandert rund um den oval geformten See, und Körper und Seele machen dabei einen kleinen Luftsprung. Waldbaden, Sonnenbaden, mit der Sonne um die Wette strahlen, all das kann an diesem Naturschutzsee vor den Toren von Köln in vollen Zügen genossen werden. Am besten ganz spontan und ohne große Planung vorab, denn wer braucht schon einen Grund, um einfach mal blauzumachen?

TIPP

Auch die Region um das Kloster Burbach erkunden.

- Hürther Waldsee, Zugang bei Kloster Burbach 3, 50354 Hürth
- ÖPNV: Bus 960, Haltestelle Alstädten Burbach/Hürth

Brötchen zur Morgenröte

39

Die Aurora-Mühle

Vielleicht sagt der Begriff Ellmühle nicht jedem Rheinländer etwas, doch wenn es um die Aurora-Mühle im Deutzer Hafen direkt am Rheinufer geht, dann gibt es nur strahlende Gesichter. Denn mit dem dort gemahlenen Mehl wurden bereits in der Kindheit Plätzchen und Kuchen gebacken, und es duftete und schmeckte dabei stets himmlisch. Fast jeder kennt Aurora mit dem Sonnenstern und die klassisch rot-gelbe Verpackung mit der hellen Weizenähre. Ehrensache, dass das vertraute Firmenlogo auch die Großmühle in Deutz mit den großen Getreidetürmen ziert. Denn seit 1909 wurden hier bis zu 380.000 Tonnen Mehl pro Jahr gemahlen. Weizen- und Roggenmehl, Grieß und später kamen auch Zutaten für Backmischungen dazu. Es ging zu wie im Taubenschlag – zu Lande, zu Wasser und durch die hohen Silos fast schon in der Luft. Das Getreide kam mit dem Schiff direkt bis vor die Mühlen-Haustür, wurde gereinigt, gesiebt, verarbeitet, und schon ging es im gemahlenen Zustand wieder rheinauf- oder abwärts. Da haben die Kölner Glück gehabt, dass ihre Brötchen mit dem Mehl einer der wichtigsten Mühlen in ganz Europa gebacken wurden. Ganz egal, ob dunkel oder hell, das Endprodukt war immer knusprig, denn die rheinische Mühle verstand einfach ihr Handwerk. Wie soll auch etwas misslingen, wenn Aurora mit im Spiel ist. Denn die römische Göttin der Morgenröte versüßte sicher dem einen oder anderen Müller das frühe Aufstehen und das weit über hundert Jahre lang. Die Fabrik kann von außen von der Siegburger Straße aus oder dem gegenüberliegenden Rheinufer bei der Severinsbrücke aus bestaunt werden. Allerdings schloss das Werk trotz des göttlichen Beistandes im Januar 2021 seine Pforten für immer. Der berühmte Stern indes ging nicht unter und wird auch weiterhin an der Fassade des denkmalgeschützten Wahrzeichens leuchten. Nun wird in Krefeld weitergemahlen und die ehemalige Mühle zu Wohnungen umgebaut. Daher sich am besten jetzt schon einmal umhören, wer von den neuen Bewohnern gerne Plätzchen backt.

TIPP

Auch mal eine Veranstaltung in der historischen Essigfabrik besuchen.

- Ellmühle, Siegburger Straße 108, 50679 Köln
- ÖPNV: Stadtbahn 7, Haltestelle Drehbrücke

Aurora

Wo alles beginnt

40 Der Godorfer Hafen

Wo gehobelt wird, da fallen auch Späne, und so ist es kein Geheimnis, dass es im Godorfer Hafen weder ein Strandbad gibt noch das Schwimmen oder sonstiger Wassersport erlaubt ist. Auch Ausflugsschiffe stechen hier nicht in See, und Hafenrundfahrten werden leider vergeblich gesucht. Doch genau diese raue Seite macht diesen Ort so besonders, so ungeschminkt und wahrhaftig und vor allem so liebenswert. Weil er eben für Köln ganz wichtig ist. Dieser Industriehafen ist nämlich der umsatzstärkste Port der ganzen Stadt, und es gibt richtig was zu gucken und zu erleben. Natürlich sollte dabei gebührend auf Abstand gegangen werden. Tatsächlich gibt es nämlich den prachtvollsten Blick vom gegenüberliegenden Rheinufer in Langel aus. Dorthin weht eine einmalige Geräuschkulisse von Godorf herüber, und es gilt ein stattliches Hafenpanorama zu bestaunen, das unvergleichlich ist, ganz besonders in der Dunkelheit. So klingt Schifffahrt made in Colonia, wenn hier Kräne bewegt werden, Arbeitsschiffe an- und ablegen und das Geräusch von Kies erklingt, der in riesigen Mengen abgeladen wird. Sechs Millionen Tonnen an Gütern werden seit 1901 jährlich auf 20,5 Hektar in gleich drei Hafenbecken bewegt. Auch die Wasserfläche von 192.000 Quadratmetern kann sich sehen lassen. Im Godorfer Hafen wird nie in kleinen Einheiten gedacht, und so gibt es sogar einen eigenen Bahnhof. Doch es existiert in diesem Binnenhafen noch eine weitere Besonderheit. Das ist wahrscheinlich die spektakulärste und geht den Kölnern so richtig ans Herz. Bei Rheinkilometer 671,96 nämlich schlängelt sich Vater Rhein erstmals auf Kölner Stadtgebiet und teilt sich diese maritime Adresse mit dem Godorfer Hafen. Für den Fluss geht es dann rund vierzig Kilometer weiter auf Kölner Stadtgebiet, doch in Godorf gilt wahrlich, dass aus der Mitte ein Fluss entspringt. Aus einer Mitte, die ein pochendes Herzstück der Schifffahrt ist, sich ständig verändert und wo es nie Stillstand gibt. Köln verstand es schon immer, sich ständig neu zu erfinden.

TIPP

Auch das Naturschutzgebiet Lüsdorfer Weiden besuchen.

● Godorfer Hafen, Sicht von Langel aus: Langel Beach, Frongasse 16, 51143 Köln
● ÖPNV: Bus 164, Haltestelle Köln Porz-Langel Kirche

Sonnige Grüße

41 Das Strandbad Otto-Maigler-See

Es fällt sehr leicht, im Hürther Strandbad Otto-Maigler-See zu sagen: „Ja, ich will." Ja zu einem himmlischen Badetag am See mit schneeweißem Sand unter den Füßen. Oder sich einfach nur zu freuen auf eine kleine Abkühlung im glasklaren Wasser. Wer noch einen Schritt weitergehen möchte, der schließt am hauseigenen Strand vor den Toren Kölns gleich den Bund fürs Leben. Das geht hier auf Wunsch sogar mit kirchlichem Segen. Eine Trauung in der Südsee könnte nicht schöner sein, doch so ist die Domstadt nur eine kleine Brise entfernt und mit ihr die Lieblingsmenschen. Natürlich kommen die Badegäste auch einfach nur zum Schwimmen und Sonnenbaden zum Strandbad Otto-Maigler-See, daraus wird sofort etwas Besonderes. Etwas besonders Schönes. Denn in weißen Lounge-Zelten, die ab der Dämmerung bunt beleuchtet sind, kann sich nach dem Baden sogar in Himmelbetten oder gemütlichen Sesseln ausgeruht werden. Palmen natürlich inklusive, und als besondere Überraschung gibt es in der Dunkelheit sogar eine bunte Wasserbeleuchtung. Der Otto-Maigler-See mit 50 Hektar Fläche ist allerdings auch eine richtige Oase für sich und entstand nach dem Braunkohleabbau. Daher wurde er nach einem Vorstandsmitglied von Rheinbraun benannt, welcher sich sehr für die Renaturierung des Gebietes einsetzte. So kann auf dem See heute sogar gesurft, gerudert oder gesegelt werden, und die ausgesprochen gute Wasserqualität lässt viele Angler-Herzen sofort höherschlagen. Dieses Paradies muss jeder für sich selbst erobern – zu Fuß oder mit dem Fahrrad. Außerdem spricht nichts dagegen, sich bereits vor einer Tour zu stärken, und dazu wird schon früh am Morgen im Strandbad für das Seefrühstück mit herrlicher Aussicht gedeckt. Vielleicht scheint die Sonne so schön, dass die Wanderung erst einmal verschoben wird und es gleich an den Strand geht. Daher gilt für jeden Besuch am Otto-Maigler-See: „Pack die Badehose ein."

TIPP

Bei zu viel Sehnsucht gibt es eine Webcam.

- Otto-Maigler-See, Zieskovener Straße 85, 50354 Hürth, Tel. (0 22 33) 3 52 48 www.otto-maigler-see.de
- ÖPNV: Bus 711, Haltestelle Otto-Maigler-See, Hürth

Mit heiligem Beistand

42

Der Rodenkirchener Leinpfad

Auf dem Leinpfad zogen früher die Pferde die Schiffe an dicken Tauen entlang, sicher nicht immer freiwillig. Heute bockt niemand mehr, wenn es zu einem Ausflug an die Rodenkirchener Riviera geht. Denn es sei versprochen, dass es bei jedem Besuch am Rheinufer etwas Neues zu entdecken gibt. Es ist ein unbeschreibliches Gefühl, auf die Rodenkirchener Brücke zuzulaufen und zu sehen, wie sich die Wolken über ihr ständig verändern. Ebenso macht es glücklich, sie im Rücken zu wissen und sich auf die nächste Brückenüberquerung zu freuen. Doch wer sich weiter in dieser Region zum Spazierengehen aufhält, der wird direkt beim Bootshaus Alte Liebe eine ganz besondere Entdeckung machen. Dort befindet sich in einer Mauernische in einem Schrein mit rund vier Metern Höhe die strahlend weiße Statue des Heiligen Maternus. Die kostbare Figur in diesem Bildstock blickt durch ein Gitter auf den Rhein und wirkt auf den ersten Blick wie eingesperrt. Dabei ist Maternus der Schutzpatron von Rodenkirchen und soll den idyllischen Ort vor Hochwasser schützen. Wie kann das also sein? Alles nur falscher Alarm, denn die Bewohner passen doppelt gut auf ihren Schutzheiligen auf, das Gitter ist eine reine Vorsichtsmaßnahme. So kann der kostbaren Figur kein Treibgut etwas anhaben, wenn der Rhein doch wieder einmal über die Ufer getreten ist. Maternus bleibt genau da, wo er hingehört. Es ist natürlich kein Zufall, dass die Skulptur genau an diesem Platz steht, denn dahinter befindet sich die Rodenkirchener Hochwasserschutzmauer, und von dort kann der Blick wieder einmal voller Sehnsucht zur anderen Rheinseite schweifen. Dabei fällt auf, dass die Zeit auf dem Leinpfad viel zu rasch vergangen ist, dabei war eine Stärkung im Restaurantschiff MS-Rodenkirchen fest eingeplant. Allerdings kann es schon mal sein, dass bei schlechtem Wetter die Schiffstüren erst mal nicht offenstehen. Doch jeder weiß: Auf Regen folgt Sonnenschein.

TIPP

In das Fährhaus in der Steinstraße einkehren.

- Rodenkirchener Leinpfad, Ecke Kirchstraße, 50996 Köln
- ÖPNV: Stadtbahn 16, Haltestelle Rodenkirchen Bahnhof

DEO

Auf der Höhe der Zeit

43 Die Kahnstation im Blücherpark

Für die einen ist es ein polygonales Wasserbecken, für andere der markante Weiher im barocken Blücherpark, und Bootsliebhaber nennen das historische Gewässer ganz einfach ihre Kahnstation. Egal wie das von Treppen umsäumte historische Gewässer heißt, es ist und bleibt ein Lieblingsort der Kölner. Auch weil er ein wahrer Alleskönner ist und bei seiner Erbauung im Jahr 1911 von jetzt auf gleich im Einsatz war. Denn der Norden der Stadt brauchte dringend eine grüne Lunge, und so fügte der Gartenbauer Fritz Encke den länglichen See äußerst harmonisch in die barocke Struktur des Blücherparks ein. Er schuf ein wahres Meisterwerk, zumal das Becken auf einem Plateau sogar erhöht liegt. Dazu musste dieser Sockel von halbhohen Mauern eingefasst werden, eine wie mit dem Lineal gezogene rechteckige Form war unverzichtbar. So ist rund um das Wasserbecken von jedem Punkt aus die perfekte Blickachse garantiert, und die Sicht bleibt fast immer an der sprudelnden Wasserfontäne hängen. Da auch die Parkbesucher nicht nur von Luft und Liebe leben können, wird bevorzugt der idyllische Biergarten an der Kopfseite des Weihers besucht. Dort geht es an kleinen Biertischen rustikal romantisch zu bei Blaubeer-Butterkuchen und Rhabarber-Baiser. Wer es lieber herzhaft mag, der genießt einfach eine Bockwurst mit Kartoffelsalat oder eine Rote Linsensuppe mit Kokosmilch. Jetzt wäre auch genau der richtige Zeitpunkt für ein Tänzchen am Wasser, denn um das Bootshaus herum finden regelmäßig Konzerte und Veranstaltungen statt. Eine der beliebtesten Attraktionen ist der hauseigene Bootsverleih, wo bei gutem Wetter direkt von hier aus an- und abgelegt werden kann. Tatsächlich lieben die Kölner ihren Blücherpark-Weiher so sehr, dass dieser vor ein paar Jahren komplett erneuert wurde, dazu gehörte auch die vorläufige Umsiedlung aller Wasservögel. Doch selbst die konnten es kaum erwarten, wieder an ihren Haus- und Hof-Weiher zurückzukehren.

TIPP

Die Steinlöwen im Park besuchen.

- Blücherpark, Parkgürtel, 50823 Köln
- ÖPNV: Stadtbahn 5, Haltestelle Nußbaumerstraße

Zu Hause ist es am schönsten

44 Der Kalscheurer Weiher in Zollstock

Schon sehr früh wurde an jene Kölner gedacht, die keinen eigenen Garten haben, und somit war um das Jahr 1920 herum der Grüngürtel geboren. Damit dort die Erholung gleich doppelt effektiv ist, wurden inmitten des Stadtgebiets auch noch mehrere künstliche Weiher angelegt. Der Adenauer und der Decksteiner Weiher. Ein weiterer im Bunde ist der Kalscheurer Weiher in Zollstock. Der ist nicht nur die grüne Stube der Stadt, sondern für viele Bewohner ein gemütliches Wohnzimmer an der frischen Luft geworden. Die See-Besucher feiern die Feste und Jahreszeiten mit Herzenslust, wie sie fallen, und immer in fröhlicher Gemeinschaft. Direkt im Naturschutzgebiet in der Nähe des Militärrings wurden schon Ostereier versteckt, der Nikolaus gesichtet, und zarte Harfenklänge wehten sanft über die etwas über fünf Hektar große Wasserfläche. Denn die Anwohner haben beschlossen, besonders gut auf den Kalscheurer Weiher aufzupassen, und so wurde ein eigener Verein gegründet, der sich sogar um ein uriges Büdchen kümmert. Was kann es schließlich Besseres geben, als nach einem Spaziergang einmal rund um den See ein Getränk oder einen herzhaften Snack zu genießen. Seit 2020 wird das 1,10 Meter tiefe Gewässer zusätzlich von einem Grundwasserbrunnen gespeist, was eine kleine Sensation ist und die Wasserqualität noch einmal deutlich verbessert hat. Hier ist längst ein wahres Vogelparadies entstanden, und Kormorane, Graureiher, Haubentaucher und Bachstelzen leben friedlich nebeneinander auf einer Insel inmitten des Weihers. Wer die kleine, zwei Kilometer lange See-Runde entlangschlendert, hat auf das Eiland die beste Aussicht. Es gibt viele Menschen, die es jeden Tag an diesen Grüngürtel-Weiher zieht, und tatsächlich gibt es sogar ein eigenes Lied über ihn. Musik liegt also in der Luft. Den Spitznamen Kulturweiher hat der See ohnehin schon erhalten. Doch ganz egal, wie er genannt wird, er ist und bleibt einfach der Lieblingsweiher der Kölner.

TIPP

Spontan ein Boot mieten.

- Kalscheurer Weiher, Zollstocker Weg, 50969 Köln
- ÖPNV: Bus 131, 138, Haltestelle Oberer Komarweg

Auf zu alten Ufern

45 Die Römische Hafenstraße

Ganz sicher sind viele Kölner hier irgendwann schon einmal vorbeigekommen und haben sich darüber gewundert, was es wohl mit der holprigen Straße direkt beim Römisch Germanischen Museum am Roncalliplatz auf sich hat. Die ist uneben, besteht aus krummen Steinplatten und einer sehr ungewöhnlichen rötlichen Oberfläche. Das Geheimnis kann rasch gelüftet werden, denn direkt beim Kölner Dom befindet sich eine waschechte Römische Hafenstraße aus Basaltsteinen, die wohl aus dem 3./4. Jahrhundert stammen. Die Straße wurde eher durch Zufall um das Jahr 1969 herum entdeckt, als am Dom die Tiefgarage gebaut werden sollte. Stattdessen gab es eine ganz andere Überraschung. Eine prachtvolle, fast sechs Meter lange Straße wurde freigelegt, die nach vielen Restaurierungen richtig golden schimmert und einen in ihren Bann zieht. Was da wohl so lange Zeit gut verborgen unter der Erde schlummerte? Ein Grund mehr, dieses Wunderwerk des antiken Straßenbaus etwas genauer zu betrachten und festzustellen, dass dieser Ort neugierig macht und zu einer spannenden Zeitreise im Herzen von Köln einlädt. Einfach einen Moment verweilen und das Wunderwerk betrachten. Einst durchzog die Hafenstraße die Stadt und führte bis hin zum Rheinufer. Da gab es eine Stadtmauer, die drei Tore hatte, und so flanierten die Bewohner der Domstadt sicher auch mal über diesen Weg zum Wasser. Archäologen vermuten, die Hafenstraße sei keine Hauptstraße gewesen. Vielleicht war sie ein Schleichweg oder eine verträumte Gasse, doch vermutlich ist dies nicht mehr zu erfahren. Fest steht allerdings, dass der Hochwasserschutz in dieser Gegend schon zu Zeiten der Römer eine wichtige Rolle spielte und der Rhein bereits damals die wichtigste Lebensader war. Besonders der Handel mit Holz und Naturstein florierte, und zwischen Köln und dem Mittel- und Oberrhein ging es stetig hin und her. Wer hätte damals gedacht, dass dieses Andenken noch heute in Köln lebendig ist.

TIPP

Die Römische Hafenstraße ist ohne Eintritt frei zugänglich.

- Römische Hafenstraße, Roncalliplatz 4, 50667 Köln
- ÖPNV: Diverse Bahnen und Busse, Haltestelle Köln Hauptbahnhof

Auf nach Italien

46 Das Restaurant Zur Fähre Langel

Es gibt gute und sehr gute Nachrichten für alle Besucher des Restaurants Zur Fähre Langel am Rheinufer im Ortsteil Langel. Die Gäste sitzen zum einen innen und außen mit Blick auf die Fähre, zum anderen serviert hier ein italienischer Familienbetrieb Köstlichkeiten vom Feinsten. Wo sonst gibt es im Norden von Köln rheinisch maritimes Flair mit dem Gefühl von Bella Italia. Hinzu kommt ein tolles Unterhaltungsprogramm rund um den Fährbetrieb. Denn es fühlt sich an, als ginge ein Theatervorhang auf, wenn die Rhein-Fähre an- und wieder ablegt und sich die Fahrgäste mit und ohne Fahrzeug für die kurze Überfahrt bereit machen. Es scheint so, als wäre da ein Ameisenhaufen am Werk, bei dem jeder seinen Platz kennt und alles ständig munter in Bewegung ist. Im Lokal selbst darf an gemütlichen Holztischen einfach nur entspannt werden, und ein italienischer Genussurlaub beginnt mit dem südländischen Frühstück. Die Gastgeberfamilie serviert italienisches Brot, Mortadella und einen himmlischen Espresso Macchiato. Wer mag, der genießt das Pausenfrühstück oder die Kreation „Erstes Frühstück". Denn es stehen noch Bruschetta, knuspriges Pizzabrot sowie Büffelmozzarella mit Tomaten und Basilikum auf der Speisekarte. Feinschmecker kommen beim Zanderfilet mit Weißweinsauce so richtig ins Schwärmen, und das Lachsfilet Fähre ist genau das Richtige vor einem ausgedehnten Spaziergang am Wasser. Herz, was willst du mehr, außer vielleicht ein Eis am Nachmittag. Denn auch bei dieser kalten Köstlichkeit bringt Familie Brescacin auf den Tisch, was die hauseigene Küche an Schätzen zu bieten hat. Da gibt es eine wahre Eisparade mit Kiwi- oder Eierlikörbechern. Ehrensache, dass die Eisspezialitäten selbst gemacht sind. Für die ganz kleinen Gäste wird das Eis sogar in der Baby-Portion mit einer Kugel serviert. Ein Lächeln gibt es noch dazu, und dann heißt es: „Buone vacanze, einen schönen Urlaub".

TIPP

Mit einem Eis zum Fähranleger schlendern.

- Zur Fähre, Cohnenhofstraße 132, 50769 Köln, Tel. (02 21) 53 99 82 83
- ÖPNV: Bus 121, Haltestelle Langel Nord

früh KÖLSCH
ZUR FÄHRE
ZUR FÄHRE
132

Wasserschloss beim Rhein

47 Das historische Wasserschifffahrtsamt

Es wäre einfach zu schön, wenn das schmucke Gebäude des Wasserschifffahrtsamtes beim Ebertplatz als Wohnhaus vermietet würde. Das wäre pures Wohnglück im Überfluss in einer reich verzierten Villa aus dem Jahr 1906. Der weiße Bau mit Türmchen, alten Steinwänden und üppigen Ornamenten, in einer grünen und ruhigen Wohngegend gelegen, könnte auch als Romantikhotel durchgehen, doch bisher werden vom Eigentümer, dem Wasserstraßen- und Schifffahrtsamt Köln, leider keine Mieter gesucht. Alles, was in der Domstadt mit dem Thema Schifffahrt zu tun hatte, wurde von 1910 bis zum Jahr 2020 von hier aus perfekt und im Detail gesteuert. Vom Messen der Wasserstände bis hin zu schiffspolizeilichen Aufgaben. All dies ging über die Schreibtische im Inneren des Prachtbaus, der viele verwinkelte Eingänge und Treppen besitzt. Die Arbeit dort glich der beim Straßenverkehrsamt mit dem Unterschied, dass statt KFZ-Zeichen Kennungen für Sportboote vergeben wurden. Dabei wurde das unter anderem heiß ersehnte K verteilt. So weiß jeder gleich, dass diese Hobby-Skipper rheinische Frohnaturen sind und oft auch das Bootsfahren auf dem Rhein gelernt haben. Sprich, diese Bootsleute haben nicht nur gute Laune, sondern sind mit allen Wassern gewaschen. Der Rhein lag übrigens über die komplette Länge im Kölner Stadtgebiet auch im Verantwortungsbereich des Wasserschifffahrtsamtes. Was muss es für ein schönes Gefühl sein, sich darum kümmern zu dürfen, dass es dem Rhein gut geht und sich auch alle an die Regeln halten. Denn das Amt hatte auch auf der Agenda, für die Schifffahrtszeichen Sorge zu tragen, dazu gehören Bojen und Schilder am Ufer. Das alles wird heute gemeinschaftlich erledigt, denn die Schifffahrtsämter der gesamten Region wurden zusammengelegt. Natürlich hatten die Kölner wieder einmal die Nase vorn und behielten die prachtvolle Villa. Außerdem ist ein bisschen Träumen von einer Wohnung darin schließlich erlaubt.

TIPP
Auch das alte Hafenamt im Rheinauhafen besuchen.

- Wasserschifffahrtsamt, An der Münze 8, 50688 Köln
- ÖPNV: Stadtbahn 12, Haltestelle Ebertplatz

8

Sie lebe hoch!

48

Die Bastei

Die Kölner verbinden mit ihr herrliche Kindheitserinnerungen, Besucher denken an längst vergangene Klassenreisen, Neu-Kölner sind erst einmal neugierig, und am Ende sind sie alle schwer verliebt in das Restaurant mit Aussicht – die Bastei. Seit 1924 direkt am Rheinufer gelegen, thront der Prachtbau fast über dem Wasser, der auf einem Sockel und mit einem runden Überbau aus der Ferne wie ein Sonnenschirm anmutet. An diesem stolzen maritimen Ort fühlt sich der Besuch an wie Ferien und so, als wäre man selbst im Wasser gewesen. Das stimmt sogar, denn die Bastei ragt über den Uferweg hinweg, was bei ihrer Erbauung eine wahre Sensation war. Das ist das Wohnzimmer der Kölner mit der legendären Spitzhaube noch heute. Besonders, wenn das Wahrzeichen auf der hauseigenen Terrasse sogar zu Fuß umrundet werden kann. Zwar gibt es keinen Meerblick, dafür aber einen Veranstaltungs-Saal, in welchem rund zweihundert Gäste feiern oder konferieren können. Obwohl, wer den einmaligen Rheinblick genießt, der denkt an alles, nur nicht an Arbeit. Architektonisch wird das Baudenkmal sogar als Bastion geführt, und das passt wunderbar, denn diese Festung musste schon mehr als einmal Hochwasser überstehen. Jeder weiß eine eigene Geschichte zu dem Panorama-Restaurant zu erzählen, doch alle Gäste vereint, dass die Bastei eben immer schon da war. Wer ganz großes Glück hat, der durfte selbst schon einmal dort feiern, das geht auf über 300 Quadratmetern fast wie von selbst. Im Schwebezustand und mit der berühmten Handbreit Rheinwasser unter dem Kiel. Zwar wechselten die Besitzer immer mal wieder, heute kann das Restaurantgebäude nur noch für private Anlässe gebucht werden, doch die Bastei bleibt eben die Bastei. Ein Ort, wo einst ein Michelin-Stern verliehen wurde, sich viele Prominente die Klinke in die Hand gaben und der Champagner reichlich floss. Doch im Herzen ist die alte Lady das geblieben, was sie immer sein wollte – der Lieblingsort von Kölnern wie du und ich.

TIPP

Um die Bastei herum kann wunderbar verweilt werden.

- Bastei, Konrad-Adenauer-Ufer 80, 50668 Köln
- ÖPNV: Stadtbahn 18, Haltestelle Ebertplatz

Dabei sein ist alles

49 Das Stadionbad

Es soll ja Menschen geben, die gerne sehr früh morgens ihre Bahnen schwimmen, am liebsten draußen bei Wind und Wetter und am besten mit einer Stoppuhr. Für diese Sportler ist das Müngersdorfer Stadionfreibad wie gemacht, nicht umsonst lautet die Adresse Olympiaweg und liegt es mitten im Sportpark Müngersdorf. Dort steht Bewegung an erster Stelle, denn das Rhein-Energie-Stadion liegt gleich um die Ecke. Doch natürlich sind auch jene Badegäste willkommen, die später am Tag eintreffen, wenn es schon etwas wärmer ist. Die erst mal ein Eis genießen, bevor es ins Wasser geht. Das Stück für Stück und vielleicht wird kurz vor dem Eintauchen der Schultern gestoppt, das hängt ja auch vom Wetter und vor allem der Stimmungslage ab. Dann geht es einfach wieder zurück auf die Picknickdecke. Vielleicht führt der Weg direkt ins Hallenbad vom Stadionpark, denn da ist gefühlt immer Warmbadetag, zumindest macht das Schwimmen genauso viel Spaß wie im Freibad. Das Planschen übrigens auch, und wer es noch etwas ruhiger angehen lassen möchte, der geht in die Sauna und legt sich danach auf eine gemütliche Schwimmliege. Vielleicht sogar in einem flauschigen Bademantel. Das geht übrigens das ganze Jahr über, während es für die Schwimmer draußen nur von Frühjahr bis zum Spätsommer möglich ist, dafür aber gleich mit 50-Meter-Bahnen, und wer hoch hinauswill, der steigt auf Sprungtürme in Höhe von fünf, sieben und zehn Metern. Von dort führt zwar keine Rutsche hinunter, doch die kann im Freibad auch so in vollen Zügen genossen werden. Am besten beide Bäder besuchen, vielleicht gibt es im Hallenbad erst mal ein leichtes Aufwärmtraining im Schwimmbecken. Dass Schwimmen guttut, weiß eh jeder, und so sind in den Bädern Eintrittskarten mit den Bezeichnungen Silber und Gold zu erwerben. Ein bisschen schade ist nur, dass die nicht auf die Badekleidung genäht werden können. Der Aufnäher für den Frei- und Fahrtenschwimmer ist dann doch irgendwann abhandengekommen.

TIPP

Im Hallenbad wird auch Wassergymnastik angeboten.

- Stadionbad, Olympiaweg 20, 50933 Köln
- ÖPNV: Stadtbahn 1, Haltestelle Köln-Müngersdorf

Nur die Ruhe bewahren

50 Das Heinrich-Lübke-Ufer

Wie so oft ist weniger mehr, und es braucht gar nicht so viele Worte, um einen ausgedehnten Spaziergang am Heinrich-Lübke-Ufer zu beschreiben. Denn der fühlt sich in der Kurzfassung so an: mehr davon, viel mehr und nochmals mehr. Auch wenn das Rheinufer in Marienburg nicht direkt an der See liegt, so ist der Erholungsfaktor beim gemütlichen Flanieren dort einfach unbezahlbar. Es müssen dazu auch keine Wanderschuhe geschnürt oder aufwendig ein Picknickkorb gepackt werden, sondern man läuft einfach los, und zwar von jedem gewünschten Punkt in Bayenthal oder Rodenkirchen aus. Am besten gleich nach der Arbeit noch einen Rheinspaziergang dranhängen und sich die maritime Luft um die Nase wehen lassen – auch bei Wind und Wetter. Start und Ziel legt jeder selbst fest und auch, ob es mit der Straßenbahn oder dem Bus hierher geht, einen die Füße tragen oder das Fahrrad rollt. Eigentlich geht es immer nur der Nase nach bis zum Rhein, und der ist ja in Köln schwer zu übersehen und tatsächlich auch nicht zu überhören. Doch das klingt eher wie Musik. Wer am Heinrich-Lübke-Ufer entlangwandert, der steht praktisch in der ersten Reihe, um die vielen Schiffe zu beobachten, und beginnt zu rätseln, wohin deren Reise wohl gehen wird. Für Fußgänger ist das ganz einfach, denn die Südbrücke ist in der Nähe und lädt förmlich zu einer Rheinüberquerung ein. Da gibt es gleich noch den Bonus-Blick von oben. Doch wer weiter am Flussufer entlanglaufen möchte, der macht sich auf in Richtung Rodenkirchener Brücke oder bringt das Fahrrad mit. Der Uferweg ist herrlich eben, und wer noch ein bisschen mehr Herausforderung sucht, der schnürt die Inline-Skater. Allerdings sollte das Tempo bei allen Aktivitäten nicht zu ehrgeizig angesetzt werden, denn gerade beim Heinrich-Lübke-Ufer gibt es den einmaligen Blick auf die Kranhäuser und die Spitzen des Doms dahinter zu genießen. Vielleicht wäre es doch eine äußerst gute Idee, den Picknickkorb mitzubringen.

TIPP

Die Straßenbahn fährt ab hier sogar bis Bonn.

- Heinrich-Lübke-Ufer, 50996 Köln
- ÖPNV: Stadtbahn 16, Haltestelle Heinrich-Lübke-Ufer

Happy End

51 Der Genoveva-Brunnen

Ende gut, alles gut, und wenn sie nicht gestorben sind, dann leben sie noch heute. Es gibt kaum etwas Schöneres, als wenn Geschichten gut ausgehen. So ging es auch dem prachtvollen Genoveva-Brunnen in Köln-Mülheim, und der sprudelt seit 1914 mit einigen Unterbrechungen in einer kleinen, grünen Oase mitten in der Stadt. Die Sage der Genoveva von Brabant sorgt noch immer für Gänsehaut, denn sie wurde hochschwanger um das Jahr 730 herum der Untreue beschuldigt, vom Henker verschont und konnte in der Obhut einer Hirschkuh ihr Kind zur Welt bringen. Die Kölner Familie Martin war von dieser Frauenfigur genauso berührt wie alle heutigen Brunnenbesucher und beauftragte den Bildhauer und Kirchenmaler Adalbert Hertel mit der Herstellung des Granitbrunnens und der Bronzeplastik. Ganz egal, ob sich der Mythos um die tapfere Frau so zugetragen hat oder nicht, der Zierbrunnen zieht die Kölner immer wieder in seinen Bann. Hier direkt vor dem Genoveva-Gymnasium ist zu erleben, dass es auch vor der eigenen Haustür Wunder gibt, denn der Brunnen überstand den Zweiten Weltkrieg fast unbeschadet. So wacht Genoveva mit ihrem Kind und in inniger Umarmung mit der Hirschkuh weiterhin stolz über ihrem Denkmal, als wolle sie versprechen, dass es immer einen Ausweg gibt, manchmal dauert es nur ein bisschen länger. Tatsächlich ist der Genoveva-Brunnen der einzige noch erhaltene Jugendstilbrunnen in der Domstadt, er wurde in die Denkmalliste aufgenommen und bereits als Denkmal des Monats gekrönt. Allerdings gab es auch Zeiten, wo nicht alles so richtig im Fluss war und aus den vielen Fontänen über Jahre hinweg kein Wasser kam. Natürlich wurde am Ende alles wieder gut, und nach einer aufwendigen Restaurierung erstrahlt das stolze Kunstwerk prächtiger denn zuvor. Tatsächlich gelang Genoveva erneut ein kleines Wunder, denn die Brunnen-Saison geht eigentlich nur bis Oktober, doch bei dem berühmten Mülheimer Brunnen entschloss man sich dazu, das Wasser einfach bis November sprudeln zu lassen.

TIPP

An der Bergisch-Gladbacher-Straße das Genoveva-Bad besuchen.

- Genoveva-Brunnen, Genovevastraße, 51063 Köln
- ÖPNV: Stadtbahn 18, Haltestelle Mülheim Wiener Platz

GENOVEVABRUNNEN

Glück auf Knopfdruck

52

Die Deutzer Drehbrücke

Die prachtvolle Deutzer Drehbrücke ist alles, nur kein leichtes Mädchen. Zum einen wiegt sie stolze 458 Tonnen, zum anderen ist auf kaum ein maritimes Bauwerk in Köln so sehr Verlass wie auf diese historische Jugendstilbrücke. Dabei gehört sie gar nicht zu den bekanntesten Wahrzeichen der Stadt und liegt eigentlich sogar ein bisschen versteckt. Dennoch fuhren, radelten und spazierten über diesen Flussübergang schon unzählige Besucher, um bei der Siegburger Straße in Deutz die Poller Wiesen zu erreichen. Ebenso oft wurde sie vom Rhein aus bestaunt. Denn die Brücken-Schönheit schmückt seit 1908 den Deutzer Hafen und kann beim Einsatz für die Schifffahrt elektrisch gedreht werden. Was heute so einfach klingt, war bei der Konstruktion eine wahre technische Meisterleistung, und so gaben sich die Kölner alle Mühe, die Deutzer Drehbrücke möglichst im Originalzustand zu erhalten. Es ist stets ein wahres Vergnügen, ihre geometrischen Formen zu bewundern, die sich zur Brückenmitte hin im Bogen aufbauen. Wer heute die rund 31 Meter entlangschreitet, der fühlt sich wie in einer längst vergangenen Zeit. Denn von den Brückenköpfen bis hin zum Steuerhäuschen ist fast alles so geblieben, wie es einmal war. Die Duisburger Ingenieure von damals haben sich Gedanken über jede einzelne Niete gemacht, und die halten bis heute. Leider ging nicht immer alles glatt, denn die Drehbrücke wurde durch Schiffsunfälle mehrfach beschädigt, doch sie trug es mit Fassung. Nie würden die Rheinländer ein so geliebtes Kölner Bauwerk im Stich lassen, und so wurde nach Reparaturen beschlossen, dass die alte Dame in Teilen auch für den Autoverkehr gesperrt wird, um ihr eine wohlverdiente Pause zu gönnen. Über die Jahre hinweg war dann immer mal wieder eine größere Schönheitskur notwendig, wobei die Deutzer Drehbrücke dann durchaus mal vom Ufer abgetrennt ist. Bisher ging immer alles gut. Man kann es nämlich drehen und wenden, wie man will, die Deutzer Drehbrücke wird einfach gebraucht.

TIPP

Vom Deutzer Bahnhof hierher spazieren.

- Deutzer Drehbrücke, Alfred-Schütte-Allee, 50679 Köln
- ÖPNV: Stadtbahn 7, Haltestelle Deutz Drehbrücke

Mit Sonne im Herzen

53

Das Restaurant Haus am See

Eigentlich scheint beim Restaurant Haus am See am Decksteiner Weiher so gut wie immer die Sonne. Wenn sich doch mal eine dunkle Wolke ins Bild schiebt, dann wird das in diesem Familienbetrieb gleich mit einem Lachen wieder wett gemacht. Dazu wird frisch zubereitet das Lieblingsgericht gereicht, und die Welt ist wieder in Ordnung. Schlechte Tage finden in diesem Ausflugslokal im Grünen ohnehin nicht statt. Denn es wäre doch viel zu schade, wenn die Auszeit am prächtigen Weiher nicht in vollen Zügen genossen werden könnte. Letzteres machen die Kölner sogar ausgesprochen gern, am liebsten gleich mit der ganzen Familie und das seit Generationen. Denn das Haus am See bietet ein wahres Zuhause für Feierlichkeiten und die ganz besonderen Momente im Leben, wie Hochzeit, Taufe oder ein runder Geburtstag. Sehr oft kommt es vor, dass immer wieder dieselben Gäste anzutreffen sind, und dann fallen stets Worte wie: Lieblingskellner, Lieblingsplatz, Lieblingskuchen und – natürlich – Lieblingsaussicht. Im Haus am See kann so ziemlich von überall auf das Wasser geschaut werden, besonders elegant und prachtvoll aber im Salon Windsor. Da wäre sogar die britische Queen „very amused". Doch auch im Raum Seeklause lässt sich ganz hervorragend ein Zanderfilet mit Blattspinat probieren oder das wunderbar bodenständige „Himmel und Äd". Veganer und Vegetarier werden auf der Karte ebenfalls nicht vergessen, und eigentlich wird an alles und jeden gedacht, wobei die Etikette dabei gar nicht so wichtig ist. Hauptsache, die Gäste sind glücklich, und so geht es an den hauseigenen Beach Club nicht etwa durch den Seiteneingang, sondern mitten durch den Festsaal Gute Stube. Für die Gäste gibt es immer nur das Beste und vieles mehr, allerdings hat der Salon 1800 im Restaurant ein kleines Problem. Da passen nämlich nur achtzehn Leute rein. Doch Köln ist eben Köln, und so rücken alle einfach ein bisschen enger zusammen und fragen erst mal: „Drinks de ejne met?"

TIPP

Im Anschluss am Weiher spazieren gehen.

- Haus am See, Bachemer Landstraße 420, 50935 Köln, Tel. (02 21) 4 30 92 60
- ÖPNV: Bus 146, Haltestelle Lindenthal Deckstein

Aller guten Dinge ...

54

Die Scheuermühlenteiche

Nicht umsonst wird gesagt, dass aller guten Dinge drei sind oder es zumindest mal waren. Denn im Naturschutzgebiet Wahner Heide in Porz gab es einst drei Scheuermühlenteiche – der untere, mittlere und obere Teich –, als Stauteich erstmals erwähnt im 13. Jahrhundert. Damals gab es noch die Scheuermühle am unteren Teich, doch die klappert leider schon lange nicht mehr, und der obere Scheuerteich wird inzwischen äußerst luftig genutzt, denn der Flughafen Köln/Bonn liegt in der Nähe. Umso größer ist das Glück, dass der untere Scheuerteich als eines der Aushängeschilder von Porz erhalten blieb und sogar als Naturdenkmal gilt. Um ihn kümmert sich ein Bürgerverein sehr liebevoll, und so stehen überall am Teich hölzerne Tische und Bänke für eine kleine Rast. Ein Spaziergang einmal rund um den Teich wirkt wahre Wunder, denn das dunkle Gewässer gehört zu den natürlichsten in der ganzen Umgebung, und niemanden zieht es in die Ferne, wenn von hier Flugzeuge am Himmel beobachtet werden können. Vielmehr hat die Tierwelt ein geschütztes Zuhause gefunden, und so sagen sich am Scheuermühlenteich Fuchs und Hase tatsächlich gute Nacht. Während Rehe und Eichhörnchen aus ihren Verstecken kommen und sich am Himmel Kormorane und Kanadagänse tummeln. Oder sich längst im Uferbereich in friedlicher Gemeinschaft mit Enten und Blesshühnern zum Nisten eingerichtet haben. Dazu gibt es ein lautes Konzert von Fröschen, und es wird gemunkelt, dass sich schon mal die eine oder andere Schildkröte dazugesellt hat. Gespeist werden die Scheuermühlenteiche durch den Scheuerbach, der seit eh und je munter durch die Wahner Heide fließt. Vorbei an wilden Farnen und einer fast unberührten Naturlandschaft, denn die Wahner Heide ist für ihre Ursprünglichkeit und Rauheit bekannt. Besonders im Winter zeigt sich dann der oft zugefrorene Scheuermühlenteich von seiner prachtvollsten Seite und entfaltet einen besonderen Zauber. Kleine Wunder gibt es eben immer wieder.

TIPP

Auch Schloss Wahn in der Nähe besuchen.

- Scheuermühlenteich, Planitzweg, 51147 Köln
- ÖPNV: Bus 162, Haltestelle Wahnheide DLR

Ganz in Weiß

55 Die Kölner Hafenweihnacht

Auf die Kölner Hafenweihnacht im Rheinauhafen freut sich auch der Weihnachtsmann das ganze Jahr über. Dann nimmt er selbst das Ruder in die Hand und bestimmt, dass ab sofort Kurs auf Weihnachten gehalten wird. Da verwandelt sich der Vorplatz des Schokoladenmuseums in ein maritimes Weihnachtswunderland, und eine duftende Brise aus Fischbrötchen und Räucherlachs weht bis in die Altstadt herüber. Ab Ende November entsteht so direkt am Rhein und dem Malakoff-Turm eine weihnachtliche Insel der Glückseligen. Die Besatzung der vorbeifahrenden Schiffe kann die festliche Kulisse am Ufer stets kaum erwarten. Bereits von weitem sind die strahlend weißen Zelte des Marktes zu erkennen. Sie erinnern an Segeltuch und nehmen die Besucher mit auf Reisen. Natürlich hat in den Ständen jeder festen Boden unter den Füßen, doch wer genau hinschaut, der sieht Holzböden im Muster von Schiffsplanken verlegt. So wird bei der Kölner Hafenweihnacht mit viel Vorfreude auf die bevorstehenden Feiertage tief eingetaucht in die Welt der Seefahrt. Da werden mit Herzblut und volle Kraft voraus Shantys geschmettert, feinstes Kunsthandwerk angeboten und ein wärmender Grog ausgeschenkt. Fischhändler aus dem hohen Norden kredenzen krosse Fischbrötchen und frischen Flammlachs, der besonders zur Weihnachtszeit köstlich schmeckt. Nach Einbruch der Dunkelheit erstrahlen die vielen tausend Lichter der Hafenweihnacht so glitzernd hell, dass allen ganz warm ums Herz wird in diesem Heimathafen. Auch das historische Segelschiff Trudel, ein Dreimaster aus Holz und stolze fünfzehn Meter lang, hat festgemacht. Dort berichten kostümierte Kapitäne und Piraten von ihren Seeabenteuern, die so spannend klingen wie die Weihnachtsgeschichte selbst. Natürlich wird auch die eine oder andere Prise Seemannsgarn untergemischt. Doch das stört niemanden, denn spätestens beim Glühwein zum Aufwärmen sind sich alle einig, dass Kölle am Rhing einfach eine wahre Schatztruhe ist, ganz egal, ob für Seefahrer oder Landratten.

TIPP

Heiße Schokolade im Schokoladenmuseum trinken.

- Hafenweihnacht, Am Schokoladenmuseum 1a, 50678 Köln
  www.hafen-weihnachtsmarkt.de
- ÖPNV: Bus 133, Haltestelle Schokoladenmuseum

Jahnke's
Fischerkate
Backfisch
Fischbrötchen
Lachs
Aal
Scampi

Zwischen den Welten

56

Der See im Mediapark

Mehr Kontrast an einem Ort geht eigentlich gar nicht, doch auch bei den Kölnern gilt ja, dass sich Gegensätze bekanntlich gerne anziehen. So steht im Mediapark ein gläserner und imposanter Neubau neben dem andern, und der Köln Tower gehört mit 148 Metern zu den höchsten Gebäuden in der Domstadt. Das Herzstück der großzügigen Anlage ist allerdings der künstlich angelegte See mit immerhin 20.000 Quadratmetern Fläche und 3,25 Metern Tiefe. Es ist schade, dass das Gewässer keinen eigenen Namen hat, denn der Mediapark See macht jeden Tag unglaublich viele Menschen glücklich. Ganz besonders im Sommer, denn dann kommen dort Tretboote zum Einsatz und knallbunte Bumper Boats. Dabei geht es zu wie beim Autoscooter mit Rammschutzleiste und kleinem Motor, doch eben auf dem glitzernden See. Für die Mitarbeiter in den hohen Bürotürmen gibt es kaum ein größeres Vergnügen, als die Fenster zu öffnen und dem fröhlich sommerlichen Stimmengewirr zuzuhören. Auch wenn der Schreibtisch noch so voll ist, so gibt es auf diesem Wege zumindest eine kleine Abkühlung, und der Blick auf den See entschädigt für Überstunden. Der Mediapark bei der Innenstadt wurde ab 1987 auf dem Gelände des ehemaligen Güterbahnhofs Gereon geplant. Doch wer genau hinschaut, der sieht, dass der Ort eine lange und spannende Geschichte hat, denn mitten im See thronen die Reste eines historischen Aquädukts aus hellem Naturstein. Was ein bisschen aussieht wie ein tauchendes Seeungeheuer, war einst Teil einer antiken Wasserleitung, dank der die Kölner stets mit frischem Nass versorgt waren. Als hätten die antiken Planer gewusst, dass sie sich selbst ein Denkmal setzen, und zwar an der prominentesten Stelle im ganzen Mediapark. Die zieht auch Enten, Schwäne und Kanada-Gänse an, und das laute Gefühl von Großstadt und Straßenlärm verschwindet in wenigen Sekunden. Baden im See des Media Parks ist zwar nicht erlaubt, doch Sonnenbaden ist ausdrücklich erwünscht. So wachsen dann auch keine Schwimmhäute.

TIPP

Hier ist auch das größte Kino Kölns, das Cinedom.

- MediaPark See, Im Mediapark 7, 50670 Köln
- ÖPNV: S 6, Haltestelle Köln Hansaring

Schwimmen wie im Paradies

57

Das Naturfreibad Vingst

Wer zum ersten Mal das Naturfreibad Vingst besucht, der braucht erst mal einen Moment, um festzustellen, dass etwas fehlt – nämlich der bekannte Chlorgeruch, und auch blaue Kacheln können nicht gezählt werden. Doch dafür riecht es nach Sommer, frisch gemähtem Gras, und dazu kommt eine ganz große Portion Sonnenschein. Das Naturfreibad liegt sehr idyllisch, umgeben von Bäumen und Wald, in kaum einem Schwimmbad befinden sich so viele Wildpflanzen sowie Gräser wie hier im rechtsrheinischen Stadtteil Vingst. Wer hätte gedacht, dass an einem ehemaligen Baggerloch auf ganz natürliche Art und Weise ein richtiges Schwimmparadies erblüht. Die Besucher kommen bei der ausgezeichneten Wasserqualität sogar richtig ins Schwärmen und fühlen sich rundum wohl. So stört es auch niemanden, dass es öfter Besuch von ganz besonderen Badegästen gibt, solche mit dunklen Federn und Schwimmhäuten, denn Schwimmer und Gänse teilen sich durchaus mal die klare Wasserfläche, und auch die eine oder andere Ente gesellt sich gerne dazu. Alle begutachten sich dann kurz gegenseitig, und schon geht es weiter mit den jeweiligen Schwimm- oder Flugbewegungen. Nur wenn es um die bunten Hängematten am feinen Sandstrand geht, gibt es schon mal die eine oder andere fröhliche Rangelei. Denn die sind so gemütlich und über das ganze Naturfreibad verteilt, dass weder Mensch noch Tier gerne Platz machen. Allerdings können auch gemütliche Sonnenliegen ausgeliehen werden, denn was gibt es Erholsameres, als im warmen Sand ein Nickerchen zu machen. Gut eingeschmiert mit Sonnencreme versteht sich, und die sollte auch beim Beachvolleyball nicht vergessen werden, denn da kann es durchaus schon mal hoch hergehen. Das Wichtigste im Naturfreibad ist jedoch der Wetterbericht für den nächsten Tag, denn das Schwimmbad öffnet hauptsächlich bei gutem Wetter. Wobei ein wohltuender Schauer an sehr heißen Tagen durchaus willkommen ist, und mit etwas Glück ist sogar der Regen warm.

TIPP

Die Pommes vor Ort sind legendär.

● Naturfreibad Vingst, Vingster Ring, 51107 Köln, Tel. (02 21) 2 79 18 60

● ÖPNV: Stadtbahn 9, Haltestelle Vingst

Hoch hinaus

58 Der Kalker Wasserturm

Er war mit seinen 42 Metern Höhe schon immer ein ganz Großer, und weil seine Spitze fast bis in die Wolken ragt, ist der alte Kalker Wasserturm noch immer das Wahrzeichen des Stadtteils. Schon aus der Ferne ist er zu erkennen und das seit 1904. Damals stand auf diesem Kölner Boden noch die Chemische Fabrik Kalk, die von einem Kaufmann und Apotheker gegründet wurde und es mit Kalisalpeter- und Kaliumchlorid-Verfahren weit brachte. Durch den Turm ging dabei der Wasserdampf zur Kühlung des Werks, und wer jetzt den Kopf etwas mehr anhebt, erkennt, wie riesig das Dach ist, das einst 250 Kubikmeter Wasser fasste. Die Tore der Fabrik sind längst geschlossen, doch der Wasserturm blieb, und das ist ein wahrer Glücksfall. Denn seit 2014 ist in den gemütlichen Turm die „minibib" eingezogen, und dort kann im Inneren alter Backsteinmauern in einer kleinen, aber sehr feinen Bibliothek geschmökert werden. Zimmerecken gibt es in dem Saal zwar nicht, dafür aber gemütliche Sessel und einen Kronleuchter, der stilvoll von der Decke baumelt. Vor allem aber gibt es Bücher in vielen Sprachen und Rubriken. Kochbücher, Reiseführer, Spiele, alles kann ohne Ausweis zwei Wochen ausgeliehen werden. Die Wasserturm-Auszeit fühlt sich ein bisschen so an, als wäre man zu Besuch auf einem toskanischen Landgut, denn der Boden besteht ebenfalls aus alten Steinen. Wer schon ein bisschen was gelernt hat, der ruft einfach ein paar italienische Worte in den kreisrunden Raum. Alles in der Bücherei folgt einer angenehmen, aber nicht perfekten Ordnung. Vor allem aber ist die gute Seele des Gebäudes nie ausgezogen. Der Kalker Wasserturm hat einfach das gemacht, was er seit über 120 Jahren am besten kann, und das ist, das Leben in Kalk zu bereichern. Wie früher bei der Fabrikarbeit oder heute bei fröhlichen Lesungen, die sogar auf Türkisch, Italienisch und Spanisch gehalten werden. Um ehrlich zu sein, fühlt es sich besser an, dass nun nicht mehr Wasser-, sondern Lesestoff das Sagen hat.

TIPP

Ab und zu gibt es noch Besuch vom Falkner.

- Kalker Wasserturm, Kalker Hauptstraße 55, 51103 Köln
- ÖPNV: S 19, Haltestelle Trimbornstraße

An alles gedacht

59

Die Poller Köpfe

Fast jeder hat sie beim Spaziergang am Rheinufer schon einmal gesehen und sich vielleicht gar keine Gedanken darüber gemacht, welche Bedeutung die sogenannten Buhnen haben. Das sind jene länglichen, steinernen Aufschüttungen, die weit in den Fluss hineinragen. Für die Schifffahrt sind sie unverzichtbare maritime Zeichen. Auch wenn ihr Anblick ein Gefühl von Strandspaziergang und Urlaub vermittelt, so sollte der Anblick dieser Schutzwälle besser nur aus der Ferne genossen werden. Die Fließgeschwindigkeit des Rheins und die Strömung dürfen einfach nie unterschätzt werden. Besonders gut zu sehen sind die Buhnen bei den Poller Wiesen am Rheinufer, denn sie sind Vorläufer der berühmten Poller Köpfe. Damit sind keine genialen Denker gemeint, sondern historische Uferbefestigungen, die ab 1560 den Flusslauf regulieren mussten. In Köln begann so ein Großprojekt, das sehr lange dauern sollte. Der Rhein nämlich hatte im Mittelalter mehrere Durchbrüche hinter sich, und es bestand die große Gefahr, dass er sich ein neues Flussbett sucht. Doch die Kölner waren auf Zack und legten mit den Poller Köpfen gleich drei bis zu 1.500 Meter lange Uferbefestigungen an. Die wurden von im Rhein versenkten Schiffen gehalten, welche vorher mit Kies verfüllt worden waren. Bis zu hundert Schiffe, so wird berichtet, sollen heute teilweise noch auf dem Grund liegen. Deren Überreste sind nur bei extremem Niedrigwasser oder bei Bauarbeiten zu sehen, wenn überhaupt. Doch selbst heute noch beglückt das Wissen darum, dass die Kölner stets um ihre Stadt gekämpft haben und, wenn es sein musste, sogar gegen ihren Vater Rhein. Der hütet ja so manches Geheimnis und gibt oft erst nach Jahrhunderten den einen oder anderen antiken Gegenstand wieder frei. Bei den Poller Köpfen waren es sogar Spaziergänger, die Überreste der jahrhundertealten Beschwerungs-Schiffe entdeckt haben. So kam eine glückliche Fügung zur nächsten, und die berühmtesten Kölner Köpfe wurden sogar unter Bodendenkmalschutz gestellt.

TIPP

Einfach mal den Berufsschiffen zuwinken.

- Poller Buhnen und Wiesen, Alfred-Schütte-Allee, 50679 Köln
- ÖPNV: Bus 159, Haltestelle Köln-Poll Hauptstraße

Ay Ay, Käpt'n!

60 Der Matrosen Grill

Seeluft macht ja bekanntlich sehr hungrig, und direkt am Rheinufer beim Schokoladenmuseum gibt es im Matrosen Grill dafür ordentlich Bordverpflegung. Der Duft von frischer Bratwurst weht entlang der Uferpromenade, und wer es sich so richtig gut gehen lassen will, der stärkt sich noch mit einem knusprigen Flammkuchen aus der Kombüse des Matrosen Grills. Da echte Seeleute ja nicht aus Zucker sind, stehen hier beim historisch preußischen Malakoff-Turm auch keine Tische und Bänke, sondern große Fässer mit silbernen Beschlägen, auf denen ganz wunderbar rustikal gespeist werden kann. Ein Kapitänsdinner mit weißen Tischtüchern ist vor der prachtvollen Kulisse von Rheinauhafen und Schokoladenmuseum auch gar nicht vorgesehen. Doch so mancher Schiffsführer lässt sich an diesem maritimen Imbiss gerne mal einen knackigen Salat schmecken, bevor es wieder an Bord geht, auch wenn die Schiffe nicht mehr mit eingelegtem Sauerkraut Richtung Südsee, sondern eher mit Kurs auf Rotterdam unterwegs sind. Die Wurstwaren vom Matrosen Grill werden übrigens von der Metzgerei Stürmer aus der Südstadt geliefert und sind in eigener Schlachtung von schwäbisch-hällischen Landschweinen hergestellt. Auch auf hoher See gilt schließlich, dass du bist, was du isst, und es wird überliefert, dass es beim Matrosen Grill noch nie eine Meuterei gegeben hat. Ganz im Gegenteil, denn beim Genuss der goldbraunen, kross gebratenen Pommes sind sich alle Gäste sofort einig, dass die mindestens fünf Sterne verdient haben, sogar ohne Ketchup und Mayo. Da genießen nicht nur Matrosen und Smutje ganz still ihre Mahlzeit, sondern ganze Besucher-Crews, und keiner macht so richtig gerne die Leinen los. Ist auch gar nicht nötig, denn gleich nebenan – mit fantastischem Rheinblick – hat das Gartenlokal Hafenterrasse seinen Liegeplatz, als Geheimtipp gelten dort die Holunder- und Waldhimbeerschorlen, die nämlich sind die ganz besondere Liebe der Matrosen.

TIPP

Den Besuch mit einer Fahrt in der Bimmelbahn abrunden.

- Matrosengrill, Am Schokoladenmuseum, 50678 Köln
- ÖPNV: Bus 133, Haltestelle Schokoladenmuseum

MATROSEN GRILL
Flammkuchen
Grillwurst
Pommes Frites
Wiener

Klein, aber oho

61 Der Kurtenwaldbach

Der Kurtenwaldbach ist rund elf Kilometer lang, zur Hälfte ein waschechter Kölner, doch die meisten Bewohner der Domstadt haben noch nie von ihm gehört. Die wahren Schätze liegen ja oft im Verborgenen. Allerdings so richtig verstecken kann sich der Mini-Fluss nicht, denn er muss in seinem Verlauf eine echte Herkulesaufgabe übernehmen, und diese ist von enormer ökologischer Wichtigkeit. Das Fließgewässer verbindet nämlich die Schutzgebiete Königsforst und Wahner Heide miteinander, die zu den wichtigsten und größten Naherholungsgebieten im Kölner Umland gehören. Diese Aufgabe birgt indes eine weitere Tücke, denn in dieser Region muss der Kurtenwaldbach einmal unter der Autobahn A3 hindurchfließen. Nur so ließen sich planerisch die beiden Naturparadiese miteinander verschmelzen. Da zählen keine Stadtgrenzen mehr, sondern nur noch, dass alles im Fluss ist, und das hat sogar geklappt. Zuerst entspringt der Kurtenwaldbach ganz idyllisch im Quellgebiet Rösrath-Forsbach und endet bei Gut Leidenhausen in Köln Eil in einem Teich. Was erst einmal vom Bachverlauf her recht sachlich klingt, ist tatsächlich eine abenteuerliche Reise für dieses eher kurze Gewässer. Doch wie so oft gilt auch hier, klein aber oho, denn der Kurtenwaldbach fließt immerhin ganze vier Kilometer auf Kölner Stadtgebiet und ist somit ein richtiger Ehrenbürger. Tatsächlich gibt es im Stadtbezirk Köln eine Straße, die lautet Am Kurtenwaldbach. Doch alles Städtische ist ganz weit weg, wenn der Bach und seine Umgebung im Wald besucht werden. Dort geht es zu wie in einer verwunschenen und flirrenden Welt, denn in dieser grünen Oase ist das Zuhause von unzähligen Libellen. Uralte und dicht stehende Bäume säumen das moosige und völlig naturbelassene Ufer vom Bach, und dennoch schaffen es die Sonnenstrahlen bis zu dem natürlich dunklen Gewässer. Doch es ist immer noch klar genug, dass sich darin gespiegelt werden kann. So hat es der Kurtenwaldbach geschafft, ein ganz eigenes Gesicht zu bekommen.

TIPP

Das Kurtenwaldbachtal ist perfekt für Wanderungen.

- Kurtenwaldbach, Umgebung Gut Leidenhausen 1, 51147 Köln
- ÖPNV: Bus 151, Haltestelle Heumarer Straße

Mit allen Wassern gewaschen

62 Das Agrippabad

Die Architekten des Agrippabades hatten einen Traum: Inmitten der Kölner Innenstadt ein Schwimmbad zu erschaffen, das ganz im Zeichen steht von: zu Lande, zu Wasser und in der Luft. Ab 1956 war es dann so weit, und wer heute das historische Schwimmbad besucht, der will erst mal eines – nach oben. Rauf auf den denkmalgeschützten, zehn Meter hohen Sprungturm, kurz innehalten und dann mutig hinunterspringen in das kühle, prickelnde Nass. Einst konnte hier sogar auf acht 25-Meter-Bahnen gleichzeitig um die Wette gekrault werden, doch heute geht es im Agrippabad deutlich gemütlicher zu. Wer dabei lieber an Land bleibt, der macht es sich entweder im Liegestuhl am Beckenrand gemütlich oder umhüllt sich in der Sauna mit wohligen Kräuterdüften. Oder es geht gleich auf die Dachterrasse. Das Baudenkmal meint es einfach gut mit seinen Gästen, ganz besonders mit den Schwimmern. Dabei bewegt sich auf der rund 1.200 Quadratmeter großen Wasserfläche jeder in seinem Lieblingstempo. Das kann bedeuten, dass einfach nur auf dem Rücken liegend die Schwerelosigkeit genossen wird – am besten im Vierjahreszeitenbecken. Nicht umsonst heißt das Allwetterschwimmbad im Griechenmarktviertel auch Gartenhallenbad. Denn hier geht es in fließenden Bewegungen von einer Auszeit in die nächste, und das kann innen und außen sein. Der Alltag ist ganz weit weg, und Körper und Geist lockern sich in der Sanftheit des Wassers wie von Zauberhand. Es gibt Badegäste, die nutzen sogar die Mittagspause für eine schwimmende Erfrischung, bevor es wieder zurück ins Büro geht. Denn nichts weckt Körper und Geist so sehr auf wie ein paar beherzte Schwimmzüge. Wer es rasanter mag, der gleitet rasch über die 130 Meter lange Wasserrutsche, dann ist der Kreislauf ganz sicher so richtig schön in Schwung. Der Name Agrippa kommt übrigens von dem römischen Feldherrn und Kölner Stadtgründer Marcus Vipsanius Agrippa, und der hätte sich gefreut, dass seine Stadt heute so im Glück schwimmt.

TIPP

Von hier aus noch mal kurz zum Rhein laufen.

● Agrippabad, Kämmergasse 1, 50676 Köln, Tel. (02 21) 2 79 17 30
● ÖPNV: U 3, Haltestelle Poststraße

AGRIPPABAD

Es geht in die Tiefe

63

Der Worringer Bruch

Nirgendwo in Köln verändert sich die Wasserlandschaft so rasant und bedingungslos wie im fantastischen Naturschutzgebiet Worringer Bruch in Worringen. In diesem ehemaligen Flussbett des Rheins geht es ein bisschen zu wie bei Ebbe und Flut, denn das Wasser strömt herein und zieht sich auch wieder zurück. Es wird vermutet, dass dieser Mäanderbogen schon rund 8.000 Jahre alt ist, doch noch immer ist er für Überraschungen gut. So kann es sein, dass an gleicher Stelle im Sommer eine Blumenwiese zu finden ist, im Herbst eine Sumpflandschaft und im Winter ein ganzer See. All dies ist abhängig von den Jahreszeiten und hängt auch mit dem Wasserhaushalt des Gebietes zusammen und eben der ehemaligen Anbindung an den Rhein. So, als wäre eine Zauberhand am Werk gewesen an dieser Flussrundung, die wie ein stattliches Hufeisen ihren Verlauf nimmt. Oder besser gesagt nahm, denn beim Worringer Bruch handelt es sich um einen verlandeten Rheinarm. Das bedeutet, dass der Fluss einst in einer Art Krümmung durch dieses heutige Naturschutzgebiet floss, dann seinen Verlauf dramatisch änderte. Auf natürliche Weise, ganz ohne Zutun von Menschenhand, füllte sich das Gewässer nach und nach mit Steinen, Kies oder anderem ökologischen Material. Doch es gibt noch eine Besonderheit vor Ort, denn der Worringer Bruch ist mit 37,5 Metern über dem Meeresspiegel der tiefste Punkt in der ganzen Domstadt und das inmitten einer ruhigen Auenlandschaft. Auf rund 164 Hektar haben Kröten, Blindschleichen, Nachtigallen und Fledermäuse ihr Zuhause gefunden, und es gibt sogar ganz unterschiedliche Waldtypen in diesem Biotop. Darüber wird sogar in einem Kölner Wassererlebnispfad berichtet, und bei Erzählstation zwölf geht es um die Jahreszeiten im Worringer Bruch. Dieser Pfad besitzt gleich mehrere Ankerpunkte mit Erklärungen, ganz in der Nähe von Pulheim und Köln Roggendorf. Wie heißt es doch so schön: Wenn einer eine Reise tut, und da ist Vater Rhein ganz vorne mit dabei.

TIPP

Wanderer schätzen dieses Gebiet besonders.

● Worringer Bruch, Senfweg/Ecke Bruchstraße, 50769 Köln
www.erlebnispfad.com
● ÖPNV: S 11, Haltestelle Köln Worringen

Fernost im Rheinland

64 Die Wasserlandschaft im Japanischen Garten

Von Köln ist es bis nach Japan nur ein Katzensprung, und noch nicht einmal ein Flugzeug muss bestiegen werden. Denn es geht in den hohen Norden der Domstadt, und zwar nach Flittard, wo die Besucher förmlich im Glück schwimmen. Denn dort befindet sich der Japanische Garten, den sich Köln und Leverkusen teilen. Seit 1913 präsentiert sich hier eine Wasser- und Parklandschaft wie aus einem asiatischen Bilderbuch und noch vieles mehr. Es geht in rund 15.000 Quadratmetern Gartenlandschaft über kleine und große Holzstege, auf geschwungene Brücken, und stets ist im Hintergrund ein wohliges Plätschern zu hören. Manchmal sind es auch leichte Wellenbewegungen, wenn ein Koi-Fisch ganz sanft durch einen der bis zu 3.000 Quadratmeter großen Teiche gleitet. Wenn er kurz an die Oberfläche kommt und mit ihm unzählige Luftblasen, dann zählt nur dieser eine und friedliche Moment beim Betrachten. Selten kann man so intensiv in das japanische Lebensgefühl eintauchen, besonders, wenn sich eine Schildkröte nähert. Springbrunnen sprudeln stolz und gleichmäßig vor sich hin, und es gibt sogar eine Mikadobrücke, die originalgetreu einer asiatischen Tempelstadt nachempfunden wurde. Glücklicherweise ist der Japanische Garten 365 Tage im Jahr geöffnet, und der Eintritt ist frei, so kann es spontan auch mal zur Tea Time in diese fernöstliche Oase gehen. In der wurde ein japanisches Teehaus nachgebaut, wo gerne Hochzeitsfotos von Paaren aus aller Welt gemacht werden. Alles hier ist von Wasser umgeben und die Besucherherzen laufen stets über vor Glück. Ebenso liegt zur Blütezeit ein himmlischer Duft in der Luft, und Mammutbäume spenden ganz viel Schatten. Falls erwünscht natürlich, denn es ist genauso schön, sich den Rücken von der Sonne wärmen zu lassen. Der Wohlfühlfaktor in diesem Park ist kein Zufall, denn die Stadt Köln und das japanische Kyoto feiern bald den sechzigsten Geburtstag ihrer Städtepartnerschaft. Vielleicht ist dazu ja auch ein gemeinsamer Ausflug in den Japanischen Garten geplant.

TIPP

Nicht die Flittarder Rheinauen verpassen.

- Japanischer Garten, Kaiser-Wilhelm-Allee, 51373 Leverkusen
- ÖPNV: Bus 251, Haltestelle Chempark Casino/Leverkusen

Blaues Wunder

65

Der Bootsausrüster Marine Olbermann

Eine Seefahrt – die ist lustig, und wer so richtig eintauchen möchte in die Welt des Wassersports, der begibt sich auf Landgang direkt gegenüber vom Rheinauhafen. Dort geht es beim Bootsausrüster und Familienbetrieb Marine Olbermann auf große Fahrt, ganz besonders für jene Landratten, die bisher vom eigenen Boot nur träumen konnten. Seit 1972 schweifen hier die maritimen Gedanken in die Ferne, und das liegt vor allem daran, dass es eine hauseigene Ausstellung mit Motor-, Schlauch- und Ruderbooten gibt. Sofort befinden sich Herz und Seele mitten in der Domstadt auf einer Kreuzfahrt. Wer es ruhiger angehen lassen möchte, der liebäugelt im Laden mit Alltagsgegenständen, die für ein Leben auf hoher See erfunden wurden, aber genauso gut in die Einrichtung an Land passen. So ist das Fernweh garantiert bei Tassen mit breitem Boden und einer kleinen Öffnung zum Trinken. Die bleiben bei jedem Wellengang standfest, und der Kaffee wird nicht kalt. Ebenso wie spezielle Wäscheklammern, die an der Schiffsreling Handtücher selbst bei Windstärke acht halten. So bringt Marine Olbermann in jeden Alltag Urlaubsgefühle, und wenn es nur der Kauf eines blauen Ringelshirts ist. Vielleicht gibt es ein Paar Bootsschuhe mit weichen Sohlen dazu. Nirgendwo steht geschrieben, dass die nur auf See getragen werden können, und das antike Fernglas wird sich perfekt im heimischen Regal machen. Auch gibt es bei Marine Olbermann Sonnencremes mit allen Lichtschutzfaktoren, und es kann nie schaden, Rettungsring und Schwimmweste einmal aus der Nähe betrachtet zu haben, falls die einsame Insel doch mal ein paar Seemeilen entfernt ist. Auch Kordeln aus Nylon, bei Skippern Tampen genannt, gibt es in allen Farben und Stärken. Maritimer Geheimtipp – die können beim Zusammenbinden von Balkonpflanzen Wunder vollbringen, und Profis verschmelzen die Enden mit dem Feuerzeug. Für das Team von Marine Olbermann ist es natürlich Ehrensache, das direkt im Laden zu übernehmen. Frei nach dem Motto: Enden gut, alles gut.

TIPP

Auch die Kranhäuser sind von hier gut zu erreichen.

- Marine Olbermann, Bayenstraße 67, 50678 Köln, Tel. (02 21) 9 31 81 80
- ÖPNV: Bus 133, Haltestelle Rheinauhafen

MARINE OLBERMANN
MARINE OLBERMANN
ID.4
MARINE OLBERMANN
BOOTE
ZUBEHÖR
67

Für echte Freunde

66 Die Porzer Rheinpromenade

Natürlich gehört der strahlend weiße Rheinboulevard in Deutz mit seinen markanten Treppenstufen zu den spektakulärsten Orten in Köln. Doch nur wenige Rheinkilometer entfernt, kann die Porzer Rheinpromenade schon seit dem Jahr 1906 locker mithalten – mit prachtvoller, denkmalgeschützter Ufermauer und Allee. Die ist bis über die Stadtgrenzen hinaus bekannt wegen der üppigen Bäume, die ineinander wachsen. Vom Wasser betrachtet freut sich jeder Schiffer schon auf diese grüne Welle am Rheinufer. Der Porzer Rheinboulevard ist sogar eine richtige Berühmtheit, denn es gab schon 1932 kunstvolle Ansichtskarten, auf denen die rechtsrheinische Promenade samt Rheinpanorama verewigt wurde. Wer es noch nicht wusste, auch Köln-Mülheim hat einen eigenen Rheinboulevard, aber der ist sehr jung und hat es bisher noch auf keine Postkarte geschafft. Doch das wird nicht mehr lange dauern. Nicht nur Köln, sondern auch der Stadtbezirk Porz wird von den Bewohnern liebevoll als Dorf bezeichnet, und so gibt es kaum etwas Schöneres, als beim Sonntagsspaziergang am Rhein auf vertraute Gesichter zu treffen. Mit etwas Glück gehört sogar der Moderator Guido Cantz dazu. Der ist nicht nur ein Kölsche Jung, sondern gleich noch ein Porzer Jung. Beim Flanieren am wunderschönen Rheinufer ist ohnehin jeder willkommen, und die Bewohner machen es einem dabei richtig leicht. Hier gibt es Grün in Hülle und Fülle, und so startete in Porz schon sehr früh das Projekt Essbarer Garten. Liebe geht auch in der eigenen Stadt durch den Magen, und jedes Fest im Kölner Süden ist gleich eine Liebeserklärung an die ganze Region. Natürlich bevorzugt am Wasser – bei der Porzer Rheinromantik, dem Rheinachtsmarkt und natürlich den weltberühmten Kölner Lichtern. Da rücken in der Domstadt ohnehin alle noch was enger zusammen, und jeder weiß, dass Kölner keinen allein lassen. Ganz egal, wie viel Wasser an allen Rheinpromenaden der Stadt vorbeifließen wird, echte „Fründe ston zesamme".

TIPP

Den Picknickkorb mitbringen.

● Porzer Rheinpromenade, Friedrich-Ebert-Ufer, 51143 Köln
● ÖPNV: S 12, Haltestelle Porz (Rhein)

Urlaub vor der Haustür

67 Die Freizeitinsel Groov

Es muss bitte daran gedacht werden, vor Ort Postkarten zu kaufen. Denn sonst wird niemand glauben, dass Urlaub in Köln so aussieht: Eine Insel mit Stränden, Wasserfontänen, ein kleiner Hafen plus Fähre, inklusive ganz viel Sommergefühl. Das alles befindet sich auf der Freizeitinsel Groov im rechtsrheinischen Stadtbezirk Porz. Vom Klang des Namens her könnte Groov auch ein niederländisches Seebad oder ein Fischerdorf in Irland sein. Doch hier verzaubert eine heimatliche Rheinauenlandschaft die Besucher, und die Anreise kann sogar mit der Straßenbahn stattfinden. Da ist dann gleich schon Zeit für die erste Urlaubslektüre. An und um dieses Wasserparadies herum ist alles auf dem richtigen Kurs, und die Insel entstand einst durch einen abgetrennten Rheinarm. Seit 1849 ist sie mit dem Ufer verbunden. Doch damit hört das blaue Glück noch längst nicht auf, denn umgeben wird die Groov gleich von zwei Seen, nämlich dem unteren und oberen Groov. Früher konnten auf den Gewässern erst noch Berufsschiffe mit wenig Tiefgang fahren, heute haben Freizeit und Ausspannen das Ruder übernommen, Hobby-Kapitäne mit Kanus und auch die eine oder andere Luftmatratze. Es gibt einfach alles, was zum Feriengefühl am Meer dazugehört. Hier im tiefblauen und idyllischen Zündorf, und für den Landgang geht es einfach weiter in den historischen Ortskern mit malerischen Fachwerkhäusern. Alles ist umgeben vom Wasser, und darauf gleiten Schwäne, Enten sowie schnatternde Gänse dahin. Es wurden schon Schildkröten gesichtet und sogar ein echtes Krokodil. Das ist allerdings längst gezähmt und schippert die Gäste als Personenfähre zwischen Zündorf und Köln Weiß sanft auf den Wellen hin und her, abwechselnd mit seinen Bootsschwestern Krokolino und Frika. Die Lieblingsbeschäftigung der kleinen Flotte ist der Transport von Fahrrädern und den Passagieren ein Lächeln auf das Gesicht zu zaubern. Daher gibt es auch kaum Wartezeiten. So strahlt nach der kurzen Überfahrt nicht nur die Sonne.

TIPP

Eine tolle Stadtrundfahrt hierher gibt es mit der Straßenbahn 7.

- Zündorfer Groov, Am Markt, 51143 Köln
- ÖPNV: Stadtbahn 7, Haltestelle Zündorf

Fähre

Fast für die Ewigkeit

68

Die Flittarder Rheinaue

Auch in Köln gilt, dass es im Norden landschaftlich meist etwas rauer und ursprünglicher zugeht, doch keinesfalls weniger beeindruckend. So befindet sich in den Flittarder Rheinauen ein völlig naturbelassenes Landschaftsparadies, das über die Jahrhunderte mehr als nur einem Hochwasser standhalten musste. Im Stadtteil Flittard haben sich in der vier Kilometer langen Flussaue Flora und Fauna ausgebreitet und wie bei einer Arche Noah gleich noch ganz viele Tierarten mit an Bord genommen. Dort ist das geschützte Zuhause von Kormoranen, Teichrohrsängern, Flussregenpfeifern, Beutelmeisen sowie Haubentauchern und mit etwas Glück meldet sich sogar ein Kuckuck. Zeit, um sich in einem einzigartigen Konzertsaal an der frischen Luft zurückzulehnen. Libellen schwirren über Obstwiesen, wildem Klee und Dill, Brombeeren und Holunder wachsen munter, und der gelbe Rheinfarn sprießt in alle Richtungen. Bei einem Spaziergang auf den befestigten Wegen schmeckt die Luft oft nach Salz. Zumindest in Gedanken, denn von diesem ruhigen Ort möchte jeder einfach nur alles mitnehmen. Den Wind in den Haaren und ein Kopf, der wohltuend und erfrischend durchgepustet wird. An der nördlichen Stadtgrenze, fast bei Leverkusen, befindet sich mit den Flittarder Rheinauen ein Gleithangbereich des Rheins, der mit seiner Überschwemmungszone gleich noch eine Schutzfunktion hat. Das Rheinhochwasser kann sich ausdehnen und wieder zurückziehen, und immer verändert sich danach die Landschaft ein Stück, und oft entsteht so neues Leben in der Pflanzenwelt. Die Flittarder Rheinaue steht ganz im Zeichen des Wassers sowie seiner Kraft und erinnert daran, dass Teile des Rheins auch mal anders flossen und umgeleitet wurden. Flittard war übrigens einst ein Fischerdorf, und der Name steht für fließende Erde und somit Hochwasser. Das zeigt sich ganz besonders auf den kleinen Trampelpfaden, die sich beim nächsten Besuch vielleicht schon wieder der Rhein zurückgeholt hat. Doch ein Ende kann auch immer ein neuer Anfang sein.

TIPP

In Flittard auf Entdeckungsreise gehen.

- Flittarder Rheinaue, Hubertusstraße, 51061 Köln
- ÖPNV: Bus 152, Haltestelle Flittard Edelhofstraße

Frische Fische fischt ...

69 Das Poller Fischerhaus

Mit Fisch kennen die Poller sich richtig gut aus, denn seit dem Jahr 1003 wurde rechtsrheinisch gefangen, was das Netz hält und das schon mit Brief, Siegel und Fischereirechten. Offiziell ist der Kölner Stadtteil zwar erst 1888 eingemeindet worden, doch die Salme, Störe und Poller Maifische störte es jahrhundertelang herzlich wenig, in welchem Rheinwasser sie sich formell tummelten. Die Gäste des Gartenlokals Poller Fischerhaus wissen bereits seit 1904 zu schätzen, welche Fischspezialitäten auf ihren Tellern liegen. Die Speisekarte wurde seitdem zwar um viele Köstlichkeiten erweitert, doch das Restaurant direkt am Rheinufer ist sich stets treu geblieben. Es gibt so etwas wie ein Glücksversprechen beim Essen, und das besteht vor allem darin, dass jeder zufrieden das Restaurant verlässt. Das geht sehr leicht mit hausgebeiztem Lachs, geräucherter Forelle mit Meerrettich oder einem deftigen Matjes mit Zwiebeln und Schmand. Wer sehr hungrig ist, der bestellt noch die Bootshaus-Nachos dazu oder Bratkartoffeln. Doch ein Gericht im Poller Fischerhaus hat nichts mit Fisch zu tun und ist dennoch der Renner. Der Riesen-Burger mit Namen Kölner Dom. Der wird mit Bratwurst, Käse, Spiegelei, Zwiebeln und Fritten gereicht, auch in der Chili-Version. Da staunen selbst die Fische nicht schlecht, besonders wenn zum Nachtisch noch der Poller Vulkan bestellt wird. Das ist ein Schokokuchen mit flüssigem Kern und Vanilleeis, der garantiert alle guten Vorsätze zum Schmelzen bringt. Es ist im Fischerhaus nahezu unmöglich, auf dem Trockenen zu sitzen, denn es werden Wein, Sekt und Champagner gereicht und sogar Kölsch zum Selberzapfen. Tatsächlich gibt es auch Zeiten, wo das Lokal nicht trockenen Fußes betreten werden kann, das ist bei Hochwasser und da halten alle zusammen. Es werden zuerst Sandsäcke gestapelt und dann Stück für Stück alle Tische und Stühle hochgestellt – das Lokal schließt dann gar nicht mehr, denn schließlich müssen alle fleißigen Helfer auch mal etwas essen.

TIPP

Die Rodenkirchener Brücke ist zum Greifen nahe.

- Poller Fischerhaus, Weidenweg 46, 51105 Köln, Tel. (02 21) 8 29 13 22
  www.poller-fischerhaus.com
- ÖPNV: Stadtbahn 16, Haltestelle Marienburg Heinrich-Lübke-Ufer

Bitburger
Poller Fischerhaus
Poller Fischerhaus
Seit 1904
DEM HIMMEL SO NAH.
Summer is a State of mind
Poller Fischerhaus
Ganze hausgeräucherte Forelle
auch zum mitnehmen

Schönste Aussichten

70 Das Wasserschloss Paffendorf

Auf den ersten Blick erscheint es so, als gäbe es das prunkvolle Schloss Paffendorf in Bergheim gleich doppelt, denn es ist komplett von Wasser umgeben und spiegelt sich in voller Schönheit im üppigen Schlossgraben. Auf diesem schwimmen unzählige Seerosen und fügen sich zu einem blühenden Teppich zusammen, so dass der spontane Gedanke entsteht, man könnte zum Schloss einfach über das Wasser laufen. Ein bisschen Tagträumen muss schließlich erlaubt sein. Auch auf den zweiten Blick verliert das Herrenhaus Paffendorf aus dem 16. Jahrhundert nichts von seinem Zauber, und bereits auf bunten historischen Zeichnungen standen immer die opulenten Wassergräben und umliegenden Gewässer im Mittelpunkt. Großzügige Wasserflächen umgeben den historischen Prachtbau mit seinen vielen Zinnen und Türmchen. Die neugotischen Elemente kamen erst nach der Erbauung des Schlosses hinzu, doch alles passt wie durch ein kleines Wunder zusammen und fügt sich ineinander. Man fühlt sich ein bisschen wie in Venedig, denn die Grenzen zwischen Schloss und Gewässer sind nicht bewusst wahrzunehmen, und gerade die unteren Rundbögen des Gebäudes verschwimmen mit dem Wassergraben fast schon zu einer Einheit. Natürlich nicht, ohne sich vorher noch einmal in kompletter Schönheit zu präsentieren und zu glitzern. Doch nicht nur das zweigeschossige Schloss mit Vorburg und Hof lädt zum Verweilen ein, sondern auch der täglich geöffnete und über sieben Hektar große Schlosspark. Dort finden sich Mammut- und Riesenlebensbäume sowie Ginkgos und sogar ein kleines Moor. Wer mag, der besucht noch einen Waldlehrpfad. Nach so viel blauem und grünem Glück geht es über kleine Treppchen hoch in eine Dauerausstellung zum Thema Braunkohle, und alles Erlebte kann dort noch einmal nachgelesen werden. Und Filme zur Region werden gezeigt – der ideale Ort bei Regen. Auch von hier gibt es einen prachtvollen Ausblick, und nach dem Regen ist der Wassergraben wieder bestens geflutet.

TIPP

Im Innenhof des Schlosses gibt es eine sehr schöne Brasserie.

- Wasserschloss Paffendorf, Burggasse 1, 50126 Bergheim, Tel. (02 2 71) 75 12 00 90
- ÖPNV: Bus 923, Haltestelle Bergheim Paffendorf Kirche

Mit Schokoladenseite

71 Das Siebengebirge

Natürlich gehören die preisgekrönten Kranhäuser am Rheinufer zu den Wahrzeichen der Stadt und sind von dort nicht mehr wegzudenken. Weder für die Binnenschiffer, die Touristen oder aus den Werbebroschüren. Doch tatsächlich gibt es in direkter Nachbarschaft mit dem Danziger Lagerhaus ein ebenso imposantes Gebäude, das in über hundert Jahren schon so manchen Wellengang überstanden hat. Es steht weder in zweiter Reihe noch ist es unauffällig, ist aber nie so sehr in den Fokus gerückt wie die Kranhäuer. Dabei thront es mit seinen stolzen 170 Metern Länge seit 1909 an der Rheinpromenade und wurde einst als Weizenspeicher und Stückgutlager genutzt. Die Kölner nennen den denkmalgeschützten Gebäudekomplex mit einem Augenzwinkern auch das Siebengebirge, denn in dieser Rheinfestung reiht sich ein Giebel an den anderen. Die größte Sensation liegt jedoch hinter dem Prachtbau, genauer gesagt auf der anderen Rheinseite in Poll. Denn von dort gibt es den allerbesten Ausblick plus einer ganz besonderen Zugabe. Denn wer von der Rheinuferstraße die Giebel zählt, kommt auf sieben, doch von der anderen Seite des Flusses gesehen ragen gleich neun in den Himmel. Lenkt einen die Schönheit des Gebäudes so ab, dass man beim Zählen durcheinanderkommt? Tatsächlich gibt es eine ganz einfache Erklärung dafür, denn die Architektur vom „Kölner Siebengebirge“ ist sehr komplex, denn es besitzt eine Gebäudetiefe von 22 Metern. Die Sanierung wäre daher auch fast gescheitert, doch den Architekten gelang es, in den Wohn- und Bürokomplex Zwischenräume einzufügen, und so besitzt das Anwesen bei der Vorder- und Rückseite eine ganz unterschiedliche Gebäudestruktur. Doch egal, von wo die Sonne auf das gelbe Danziger Lagerhaus scheint, es wärmt beim Betrachten stets Herz und Seele, vor allem, weil sich je nach Tageszeit und Lichteinfluss die Gebäudefarbe zu verändern scheint, von ockerfarben bis dunkelrot. Ach, und preisgekrönt ist es übrigens auch.

TIPP

Von hier bis zum Schokoladenmuseum schlendern.

- Siebengebirge, Agrippawerft, 50678 Köln
- ÖPNV: Bus 133, Haltestelle Rheinauhafen

VitrA

Nicht aus Zucker

72 Das Stammheimer Ufer

Viele Wege führen zum Stammheimer Ufer, und alle sind atemberaubend schön. Ganz besonders, wenn es direkt vom Stammheimer Schlosspark hin zum Wasser geht und davor vielleicht schon entlang der prachtvollen Allee gewandert wurde. Mit diesem leichten und luftigen Gefühl im Gepäck erreicht man den Uferweg, und schon nach wenigen Metern am Rhein stellt sich das erste Urlaubsgefühl ein. Das liegt daran, dass die Frachtschiffe gleichmäßig dahingleiten und zum Greifen nahe sind. Die Landschaft in der Region um den Schlosspark erstreckt sich bis hin zum Fluss in einer unglaublichen Pracht, und oft ragen die Bäume sogar bis in den Rhein hinein. Die Uferlandschaft wirkt dadurch zwar etwas rustikal, doch die Romantik fehlt hier an keinem Rheinkilometer. Auch die Grenzen zwischen dem Stammheimer Ufer und dem dazugehörigen Schlosspark sind fließend, und so kann fast überall auf dem Gelände die Kunst des berühmten Skulpturenparks bestaunt werden. Stammheim selbst wurde 959 erstmals urkundlich erwähnt, und die Bewohner wussten sich bis heute immer gut mit dem mächtigen Rhein zu arrangieren. Im Hinblick auf das nahegelegene Düsseldorf und ganz besonders zur Karnevalszeit gibt es in Stammheim einen berühmten Veedelszoch. Einst war es ein Fischerdorf im heutigen Kölner Norden, die Flittarder Rheinaue schließt sich direkt an den Stammheimer Schlosspark an. Dort bewachen zwei stolze Löwen den Eingangsbereich, doch es wurde noch von keinem Besucher berichtet, den sie abgewiesen hätten. Viele Spaziergänger wissen inzwischen, dass so ein Spaziergang am Rhein stets von der aktuellen Hochwasserlage abhängig ist, und da kann es schon mal vorkommen, dass am Uferweg nicht wie geplant entlanggewandert werden kann. Dann gilt es, auch im Sinne der Sicherheit eine Kursänderung vorzunehmen. Der Blick auf den Rhein ist fantastisch und kann auch mit etwas mehr Abstand vom Schlosspark aus genossen werden. Vielleicht geht es von dort nicht auf direkten Pfaden nach Rom, aber der Weg ist wie so oft ja das Ziel.

TIPP

Im Schlosspark leben grüne Halsbandsittiche.

- Stammheimer Schlosspark, Am Stammheimer Schloßpark, 51061 Köln
- ÖPNV: Bus 151, Haltestelle Stammheimer Schloßpark 20

Nach Hause kommen

73 Die Hohenzollernbrücke

Es ist sicher kein Zufall, dass sich Verliebte die Hohenzollernbrücke am Rhein für die unzähligen Liebesschlösser ausgesucht haben. Schließlich ist es ein Bauwerk, das seit der Fertigstellung im Mai 1911 mit guten und schlechten Zeiten bestens vertraut ist. Tausende Züge rollten seitdem über die Eisenbahnbrücke, und Millionen von Fußgängern machten sich auf zum jeweils anderen Rheinufer. Auch wenn in Köln mal nicht die Sonne scheint, dann ist spätestens auf der Hälfte der lindgrünen Bogenbrücke klar, dass morgen auch noch ein Tag ist. Das Lächeln kehrt zurück beim Anblick des prachtvollen Rheinpanoramas und der Schiffe, die unter der Brücke dahingleiten. Hier ist das Glück selbst an Regentagen zu Hause. Denn wo sonst auf der Welt sind der Dom, die Rheinpromenade und die bunten Häuser der Kölner Altstadt zum Greifen nahe. So geht Heimatgefühl in Colonia, und Bahnreisende nehmen, wenn es ratternd über die Hohenzollernbrücke geht, dieses Bild bei der Ausfahrt aus dem Hauptbahnhof mit. Gleichzeitig sind ihre drei schwungvollen Bögen schon von weitem zu sehen, wenn es wieder Richtung Bahnhof geht. Oft machen die Züge einen kurzen Halt auf der historischen Brücke, als müsste die Vorfreude auf die Ankunft noch gesteigert werden. Gerade in der Dunkelheit wollen Fahrgäste oft schon in Köln-Messe-Deutz aussteigen, weil der Zug langsamer fährt, es aber noch keinen Halt gibt. Doch wenn auf der Anzeigetafel im ICE endlich steht: Nächster Halt Köln, dann gibt es unter den Reisenden diesen verschwörerischen Blick, ein „Wir-sind-wieder-zu-Hause-Gefühl". Selbst Schaffnern wird bei den Durchsagen oft ganz warm ums Herz, und er findet sogar noch Zeit für ein paar kölsche Begrüßungsworte. Trotz ihres stolzen Alters ist die Hohenzollernbrücke einer der wichtigsten Knotenpunkte im Bahnnetz. Sie hat diese Aufgabe stets mit Bravour gemeistert, doch bis es für sie in Rente geht, wird noch ganz viel Wasser den Rhein hinunterfließen.

TIPP

Auf Gleis 1 am Hauptbahnhof gibt es einen wunderbaren Blick auf den Dom.

- Hohenzollernbrücke, zwischen Hauptbahnhof und Köln Messe/Deutz, 50679 Köln
- ÖPNV: Diverse Bahnen und Busse, Haltestelle Köln Hauptbahnhof oder Köln Messe/Deutz

Insel der Glückseligen

74 Die Schäl Sick

Neu-Kölner wissen oft gar nicht, dass es sie überhaupt gibt oder schauen zuerst einmal fragend, was es damit auf sich hat. Es geht um die Schäl Sick, die angeblich falsche Seite der Domstadt. Keiner weiß heute mehr so genau, wann und wie diese Bezeichnung eigentlich entstanden ist und warum die rechte Rheinseite weniger attraktiv sein soll. Vermutet wird, dass es um Pferde geht, die einst die Schiffe auf dem Leinpfad entlang des mächtigen Stroms zogen und dabei Scheuklappen trugen. Weil dies wohl häufiger linksrheinisch passierte und die Tiere dabei angeblich von der Sonne geblendet wurden, konnten sie die gegenüberliegende Seite der Stadt nicht sehen oder nur sehr schlecht. Diese Legende klingt in etwa so abenteuerlich wie die Geschichte der Heinzelmännchen von Köln. Mit dem Unterschied, dass diese sich irgendwann aus dem Staub machten und die Schäl Sick hingegen ihre Bewohner noch immer äußerst glücklich macht und das auch immer getan hat. Die Tendenz ist weiterhin erfreulich steigend. Als Beweis dafür muss nur von der vermeintlich richtigen Rheinseite ein Sonnenuntergang mit Blick auf den Deutzer Rheinboulevard genossen werden. Wer dies einmal erlebt hat, der käme niemals auf den Gedanken, dass im gegenüberliegenden Teil von Köln etwas nicht stimmen könnte. Im Gegenteil – entlang der Rheinpromenaden in Deutz und Mülheim kann stundenlang flaniert werden. Auch richtig was zu erleben gibt es dort in den Häfen und das schon seit Jahrhunderten. Dort pulsiert das maritime Leben und erinnert daran, dass gerade die rechtsrheinischen Stadtteile in Köln die Millionenstadt zu dem gemacht haben, was sie heute ist. Ganz besonders in Kalk kann tief in die Stadtgeschichte eingetaucht werden, oder es geht mit einer kleinen Fähre ab Zündorf über den Rhein bis ins Linksrheinische. In Deutz gibt es sogar eine historische Brücke, die sich dreht, und in Mülheim sprudeln die Brunnen. Von links, rechts, von oben und von unten, Köln ist einfach immer mittendrin.

TIPP

Den Stadtbezirk Innenstadt doppelt genießen.

● Kölner Rheinboulevard, Hermann-Pünder-Straße 2, 50679 Köln
● ÖPNV: S 12, Haltestelle Köln Messe/Deutz

Gute Fahrt in Gottes Namen

75

Die Schifferkirche St. Clemens

In Köln-Mülheim lässt sich kaum ein Ort finden, der so gut beschützt wird wie die historische Schifferkirche St. Clemens direkt am Rheinufer. Dort wacht eine lebensgroße Statue des Heiligen St. Nepomuk direkt am Eingang der kleinen Saalkirche und hat den Blick fest auf den Rhein und die Mülheimer Brücke zu seiner Linken gerichtet. Somit macht er seinem Namen als Brückenheiliger alle Ehre und bekommt gleich noch Beistand vom Heiligen Clemens, denn der gilt als Schutzpatron der Seeleute. Ihm zu Ehren wurde bereits im 12. Jahrhundert die römisch-katholische St.-Clemens-Kirche errichtet, und sie ist somit die älteste im ganzen Stadtbezirk. Sie ist eine dreischiffige Hallenkirche mit Turmspitze und war schon lange vor der Entstehung der Rheinpromenade gebaut worden. Trotz allen göttlichen Beistandes erlebte sie äußerst stürmische Zeiten, wurde jedoch von den Kölner Bürgern immer wieder restauriert und aufgebaut. Tatsächlich liegt die Kirche von der Straßenseite aus betrachtet ziemlich versteckt und ist am besten zu Fuß zu erreichen. Damit auch jeder den Weg zu dem nur knapp 19 Meter langen historischen Gebäude findet, wird das Gotteshaus mit prachtvollem Bronzeportal inzwischen nachts angestrahlt. Gänsehaut-Momente sind somit vorprogrammiert, und die gibt es sogar bei den Berufsschiffern. Denn bei der Kirche steht auf einer Mauer in sehr großen Buchstaben: Köln-Mülheim. Die Seeleute wissen dann sofort, dass ab hier die berühmte Mülheimer Gottestracht startet. Jene Schiffsprozession auf dem Rhein an Fronleichnam, wo der kirchliche Segen inklusive Monstranz gleich mit an Bord geht und das seit rund 600 Jahren. Doch auch für Nicht-Christen strahlt der Ort um die St.-Clemens-Kirche eine unglaubliche Ruhe aus, und wenn noch die drei Glocken erklingen, dann ist das Glück des Augenblicks wirklich komplett. Das Geläut trägt übrigens die Namen Clemens, Petrus und Maria, und mit so viel heiligem Beistand ist die Schifferkirche bestens geschützt.

TIPP

In direkter Nachbarschaft das Café Jakubowski besuchen.

- St.-Clemens-Kirche, Mülheimer Ufer, 51063 Köln
- ÖPNV: Stadtbahn 18, Haltestelle Mülheim Wiener Platz

KÖLN - MÜLHEIM

In bester Gesellschaft

76

Der Kölner Fischmarkt

Die Kölner lassen ja auf ihre Heimat wirklich nichts kommen, doch wenn es um den Fischmarkt in der Altstadt geht, dann muss leicht zähneknirschend zugegeben werden, dass dieser dem Hamburger Fischmarkt nicht so richtig das Wasser reichen kann. Zumindest nicht in der heutigen Zeit, doch das sah im 12. Jahrhundert ganz anders aus, als hier der Handel mit Hering florierte. Die oft holländischen Händler boten die fangfrische und heiß begehrte Ware an. Doch egal, wie intensiv gesucht wird, auf dem Kopfsteinpflaster finden sich inzwischen keine Gräten mehr. Da hat der hohe Norden die Nase vorn, doch wie heißt es in den Rheinischen Grundgesetzen so schön: „Mer muss och jünne künne." Das tun die Kölner auch, denn schließlich haben sie am Rheinufer ihren Fischmarkt der Herzen. Dieser ist einfach die gute Seele des historischen Martinsviertels geblieben und dehnt sich bis zum Buttermarkt und der Gasse Am Bollwerk aus, übrigens in allerbester Gesellschaft, denn die imposante Romanische Kirche Groß St. Martin und die kunterbunten, weltberühmten Stapelhäuser stehen in direkter Nachbarschaft. Und es gibt tatsächlich eine Möglichkeit, etwas Kölner Fischluft zu schnuppern, denn mitten auf dem großzügigen Platz steht der Brunnen der Fischweiber. Der Bildhauer Rainer Walk gab 1986 den Marktfrauen ein Gesicht, die vor Hunderten von Jahren den Fisch an die Leute brachten. Bestimmt war es keine leichte Arbeit, doch sie hatten sich immer etwas zu erzählen. Jetzt die Augen schließen, sich auf den Rand des Brunnens setzen und die kleine Zeitreise in vollen Zügen genießen. Wer sich noch länger an diesen ganz besonderen Moment erinnern möchte, der macht ein Foto. Denn an kaum einem Ort in der Stadt gibt es ein imposanteres Köln-Panorama zu bewundern – mit Groß St. Martin, den Stapelhäusern und dem Brunnen der Fischweiber auf einem Bild. Ein Tag für echte Glückskinder eben und die fühlen sich danach so munter wie ein Fisch im Wasser.

TIPP

Nur einmal umdrehen und am Rheinufer entlangspazieren.

- Brunnen der Fischweiber, Frankenwerft 33, 50667 Köln
- ÖPNV: Stadtbahn 5, Haltestelle Heumarkt

Im Marti

Schenk mir dein Herz

77

Die Kölner Liebesschlösser

Das Leben soll laut eines Filmes angeblich ein langer, ruhiger Fluss sein. Wahrscheinlich ist es dabei am wichtigsten, mit wem das Dasein geteilt wird. Wer dazu die optimale Fließgeschwindigkeit sucht, der ist mit Liebesbekundungen an der Hohenzollernbrücke im Herzen von Köln genau richtig. Denn dort ist das luftige Zuhause der Liebesschlösser. Sie hängen über eine Länge von rund vierhundert Metern in allen Farben, Formen und Größen an der historischen Rheinbrücke. Staunen inklusive. Jedes Paar, das sich hier beim Dom ewige Treue schwört, gestaltet zuvor sein ganz eigenes kleines Kunstwerk. Es ist jedoch nicht bekannt, wie viele Schlüssel nach dem Aufhängen der Liebesschlösser in die Fluten des Rheins geworfen wurden. Erst einmal gilt es, überhaupt noch einen Platz am Gitter der Brücke zu finden, denn es wird vermutet, dass bisher schätzungsweise rund 450.000 Schlösser von Verliebten angebracht wurden. Die sollten sich am besten den Platz für den Liebesbeweis gut merken. Denn die zur Bahnlinie hingewandte Brückenseite lässt nur noch wenig Raum zu für den Nachschub in Herzensangelegenheiten. Mit etwas Abstand betrachtet befindet sich dort ein kunterbuntes üppiges Meer aus kleinen Metallschlössern, und Lücken sind eher Mangelware. Was ja kein schlechtes Zeichen ist, denn wer wünscht sich schon einen lückenhaften Platz für das ganz persönliche Liebesschloss. Zumal es ja immer mal wieder ernsthafte Pläne gab, die Liebesschlösser wegen der Statik an der historischen Brücke zu entfernen. Doch die Städteplaner hatten ein Einsehen mit allen Romantikern. Die historische Brücke trägt die rund vierzig Tonnen zusätzliches Gewicht mit Stolz und ist damit zu einem der Wahrzeichen von Köln geworden. Der Schlösser-Brauch stammt vermutlich aus Italien, doch schon an winzigen Schiffs-Anlegern im hohen Norden an der Elbe wurde bereits das eine oder andere Liebesschloss gesichtet. Wer weiß, ob da nicht sogar eine Flaschenpost aus Köln am Werk war.

TIPP

Nicht die Schlösser zählen, sondern den Anblick genießen.

- Liebesschlösser, Hohenzollernbrücke zwischen Hauptbahnhof und Köln Messe/Deutz, 50679 Köln
- ÖPNV: Diverse Bahnen und Busse, Haltestelle Köln Hauptbahnhof oder Köln Messe/Deutz

Zurück zu den Wurzeln

78 Der Frechener Bach in Köln

Köln und Frechen, das gehört zusammen wie Topf und Deckel oder Nudeln mit Tomatensauce. Hier, vor den Toren der Großstadt, ergänzen sich zwei Nachbarstädte ganz harmonisch und sorgen dafür, dass die Bewohner sich rundum wohl fühlen. Wer in Frechen wohnt, der sieht sogar den Dom und natürlich das Stadion, und bei Heimspielen des 1. FC Köln wird erst recht zusammengehalten. Städtegrenzen flossen wieder einmal zusammen, als damit begonnen wurde, den Frechener Bach zu seinen Ursprüngen zurückzuführen. Der hatte seit dem Mittelalter eine ganz wichtige Funktion und versorgte das damalige Dorf Frechen mit Trinkwasser. Später flutete er die Gräben des Kölner Anwesens Stüttgenhof oder auch Haus Vorst sowie des Keuschhofs in Köln Marsdorf. Das Bächlein schlängelt sich von dort weiter bis zum südlichen Randkanal, um im Grüngürtel bei der Militärringstraße friedlich zu versickern. Bis zum Rhein hat es nie gereicht, was aber nicht schlimm ist, ist es doch eine ganz schön lange Reise für ein kleines Gewässer, welches seine Quelle einst in Benzelrath hatte. Irgendwann geriet der Frechener Bach fast in Vergessenheit oder wurde gar nicht mehr als solcher wahrgenommen. Er dümpelte vor sich hin, diente zum Abtransport von Abwasser und wurde in einen Bachlauf aus Beton gezwängt. Was für eine Wohltat also, als vor rund zwanzig Jahren mit der Planung begonnen wurde, dem kleinen Fließgewässer sein natürliches Bachbett wiederzugeben. Jeder weiß, dass es sich am schönsten in den eigenen Federn schläft. Heute kann sich der Frechener Bach bis auf fast zehn Meter ausbreiten, ganz ohne Verschalung, sondern in seinem natürlichen und sehr idyllischen Verlauf. Die linksrheinische Uferlandschaft entlang des Baches ist ebenfalls aus tiefem Dornröschenschlaf erwacht, und so findet hier Renaturierung wie aus dem Bilderbuch statt. So richtig gut geht es dem Frechener Bach bei Regen, denn dann füllt er sich und fließt ruhig und gleichmäßig dahin.

TIPP

Ganz in der Nähe befindet sich das Kölner Waldlabor.

- Frechener Bach, Stüttgenweg, 50858 Köln
- ÖPNV: Stadtbahn 7, Haltestelle Stüttgenhof, Köln

Glückliche Fügung

79

Der Adenauer Weiher

Schon der Fußweg hin zum Adenauer Weiher am Rand von Köln Lindenthal ist ein echtes Erlebnis. Der führt direkt an den legendären Jahnwiesen am Rhein-Energie-Stadion vorbei. Da wird in kleinen und großen Gruppen Fußball gespielt, eine Frauen-Mannschaft übt sich im Rugby und für das Konditionstraining wurde ein Parcours auf dem Rasen verlegt. Die Schüler der benachbarten Sporthochschule tummeln sich dort gerne. Alles ist fröhlich und zwanglos, mit lachenden Freizeitsportlern um einen herum. Mit diesem beschwingten Gefühl und federleichtem Gang geht es wenige Meter weiter direkt hin zum Adenauer Weiher, und dort wartet – seit 1919 – die nächste Glücksoase auf ihre Besucher. Schon damals wünschte sich der Oberbürgermeister Konrad Adenauer, dass Köln grüner werden muss, am besten gleich am Wasser. So wurde der inzwischen rund sechs Hektar große See ausgehoben und auf den Erdmassen ein Wäldchen gepflanzt. Das ist inzwischen ein ausgewachsener Forst, wo nach dem Sport herrliche Abkühlung zu finden ist. So geht Glück und Erholung in Köln, doch eines gibt es am Adenauer Weiher tatsächlich nicht – Stillstand. Wer hierher kommt, der lässt sich anstecken von der vielen positiven Energie vor Ort, und schon geht es im rasanten oder auch gemächlichen Tempo einmal rund um den See. Jogger erzählen schwärmerisch von ihrer Westentaschen-Strecke oder verabreden sich gleich in einer Laufgruppe. Und wer es nicht so mit Sport hat, der kommt am Ufer dennoch auf seine Kosten und beobachtet einfach die vielen Wasservögel, die in grüner Natur ein geschütztes Zuhause gefunden haben. Seit einigen Jahren wird der Weiher mit Grundwasser gespeist, und rund um das Gewässer wurden hölzerne Plateaus mit kleinen Holzleitern als Brutplätze eingerichtet. So kann bei einem Rundgang beobachtet werden, ob der Nachwuchs schon geschlüpft ist, ein Grund mehr, öfter wieder herzukommen. Ob mit oder ohne Turnschuhe, Hauptsache, der nächste Besuch wird rasch geplant.

TIPP

Der Terrasse vom Club Astoria einen Besuch abstatten.

- Adenauer Weiher, Guts-Muths-Weg, 50935 Köln
- ÖPNV: Stadtbahn 1, Haltestelle Rhein Energie Stadion